知的生きかた文庫

図解　早わかり！
空海と真言宗

小峰彌彦　監修

三笠書房

はじめに

空海と真言宗――「迷いのない心」で生きられる本

「大師《だいし》は弘法《こうぼう》に奪われ、太閤《たいこう》は秀吉に奪わる」

昔からそういわれるように、「大師」といえば「弘法大師」。「伝教《でんぎょう》大師＝最澄」でも「見真《けんしん》大師＝親鸞」でもなく、「弘法大師＝空海」そのものなのです。

あまねく日本人から尊敬をされてきた名僧・空海――。

その存在の大きさは、けっして一僧侶（人間）の枠に納まるものではありません。実在の人間でありながら、人間を超えた存在。神や仏と同じように信仰を集める希《け》有《う》な人物、それが空海なのです。

なぜ空海は、それほどまで「日本人の心」を熱くするのでしょうか？

その理由を本書でつまびらかにします。ここでは一端にふれましょう。

空海は、将来を約束されたエリートでしたが、前途に疑問を抱き、あっさり出世コースを捨て、仏門に身を投じた激しい一面を持っています。

その後、中国に渡り、日本人でありながら「密教」という新しい仏教の正統を継承します。そして、日本に帰国し、つくりあげたのが「真言宗」というわけです。

空海が出世コースを捨ててまで、追い求めたものとは、何だったのでしょうか？

その思想を一言で表すとすれば、次の言葉に集約できるでしょう。

即身成仏《そくしんじょうぶつ》——「誰もが生きたまま仏になれる」

「生きたまま仏になれる」とは、あの世ではなく、あくまで**現世での救いにこだわる**ということ。つまり、この世で幸せに暮らすことが、「究極のさとり生活」だというわけです。この徹底した「**現世利益《げんぜりやく》の追求**」「**現実を肯定して生きる明るさ**」こそが、空海の教えの真骨頂です。

空海のすごさは、言葉で教えを説くだけでなく、「何をすれば救われるか」——徹底して実践主義を貫いたところにあります。

その姿勢は仏教にとどまりません。中国で科学技術、文学、芸術に至るまであらゆる知識を吸収した空海は、帰国後それを民衆救済のために幅広く応用しました。

香川県の満濃池《まんのういけ》の治水工事をわずか三カ月でやり遂げ、人々に恵みをもたらしたエピソードはあまりにも有名です。こうした民衆救済の実践が、全国各地にさまざまな「空海伝説」を生み出してきたのは周知のとおりです。

「空海がいたから、今の日本がある」、そういっても、過言ではありません。

本書では、空海の魅力に迫るとともに、真言宗の味わい深い教えを図解でわかりやすく解説します。きっと「迷いのない心」で生きる智恵が得られるでしょう。

虚空《こくう》尽き、衆生《しゅじょう》尽き、涅槃《ねはん》尽きなば、我が願いも尽きなん

これは「この世のすべての人がさとりを得るまで、私の願いも続く」という空海の言葉です。つまり「**あなたの隣には、いつも私が寄り添っているよ**」というメッセージなのです。ぜひ、この言葉をお供に、本書を読み進めてみてください。

本書があなたのこれからの人生をさらに充実させる一冊となれば幸甚です。

小峰彌彦

『図解 早わかり！ 空海と真言宗』 もくじ

1章 早わかり！「空海と真言宗」の基本

2章 超人「空海」とは、どういう人？

3章 常識として知っておきたい! 「真言宗の教え」

4章 「真言宗の歴史」があっという間にわかる！

5章 あなたの心を熱くする「空海の言葉」

6章 読むだけで役立つ「真言宗のしきたり」

7章 「空海ゆかりのお寺」をめぐってみよう

編集協力 小松事務所
本文DTP 宇那木デザイン室
本文イラスト 亀倉秀人

1章

早わかり！「空海と真言宗」の基本

1 【宗祖の魅力】空海は、なぜ人々を惹きつけるのか？

弘法大師《こうぼうだいし》・空海《くうかい》（七七四〜八三五年）は、なぜ宗派を超えて、あまねく日本人の尊敬を受けてきたのでしょうか――。

正統密教《みっきょう》を中国（唐《とう》）から日本に伝え、日本の仏教に新時代を築いた空海。真言宗の宗祖として、そして、土木、建築、教育、文芸などあらゆる分野に才能を発揮し、民衆救済に多大な貢献を果たしてきました。このような多面性を持った天才は、いまだ不世出《ふせいしゅつ》です。

また空海は、さまざまな奇跡を起こすなど多くの伝説を残し、〝お大師様《だいしさま》〟として、お地蔵様や観音様のように人々の信仰を集めています。実在の人物でありながら広く民間信仰の対象にされているのは、聖徳太子《しょうとくたいし》（太子信仰）と空海（大師信仰）の二人をおいてほかにいません。

　空海が生きたのは、奈良時代末期から平安時代にかけてです。桓武《かんむ》天皇（在位七八一〜八〇六年）は、七八四年に都を平城京から長岡京へ移し、さらに七九四年には今の京都の地である平安京に移しました。以降四百年続く平安時代の始まりです。桓武天皇は、遷都《せんと》によって悪政に癒着《ゆちゃく》していた奈良仏教と決別し、鎮護《ちんご》国家のための新しい仏教を求めました。

　空海が登場したのはちょうどその頃です。呪術的《じゅじゅつてき》な要素を持った「密教」という新しい仏教を携えて中国から帰国した空海は、見事に朝廷の期待に応えたのです。

　空海のすごさは、インドから中国に雑多に伝わってきた密教を統一した正統密教をただ一人受け継いだことです。それもただ伝えただけではなく、初めてメイドインジャパンの真言密教を完成させたのです。

　具体的にいえば、空海以前の日本の仏教は確立された教学として取り入れただけでしたが、日本の山岳信仰、中国の儒教や道教《どうきょう》、そしてインドの言語である梵語《ぼんご》（古代サンスクリット語）や曼荼羅図《まんだらず》などを融合させて、仏教を実践的なものに転換したところに空海のすごさはあるのです。

――「民衆のための仏教」のはじまり

国家権力と癒着した仏教

741年　全国に国分寺《こくぶんじ》・国分尼寺《こくぶんにじ》建立の詔《みことのり》

743年　大仏造立《ぞうりゅう》の詔（752年に東大寺大仏開眼《かいげん》供養）

政治が腐敗した奈良時代末期、聖武天皇は天皇・貴族・一般民衆が力をあわせ大仏を造立することによって世の安穏を願った。だがそれは僧侶の勢力を強めることになった。

道鏡《どうきょう》事件

法相《ほっそう》宗の僧・道鏡が孝謙《こうけん》天皇（のちの称徳《しょうとく》天皇）の寵愛《ちょうあい》を受けて太政大臣禅師《だいじょうだいじんぜんじ》、法王となり、皇位を狙った事件。

空海は、なぜ仏教界の救世主なのか？

806年 空海が真言宗を開く！

仏様と一体となることによって、今この瞬間に仏のさとりの境地に至る

805年 最澄が天台宗を開く

空海が初めて現世利益《げんぜりやく》を説き、仏教は生きるための信仰となった。

旧仏教との決別

784年 長岡京遷都
794年 平安京遷都

奈良寺院の勢力を抑制し律令《りつりょう》国家とするため二度の遷都を行なった。804年の遣唐使《けんとうし》派遣により最澄・空海が入唐《にっとう》し、鎮護《ちんご》国家の仏教を伝える。

2 空海が伝えた「密教」とは?

【宗派の特徴】

空海は仏教を「顕教」と「密教」の二つに分け、密教の優位性を説きました。

顕教は、お釈迦様が言葉や文字によって仏のさとりの境地を説き示した教えです。これに対し、密教は、お釈迦様が言葉によって語り尽くせなかった真理のすべてを解き明かした教えのことです。さとりの境地は、深遠であるがゆえに理解しがたい。だから「秘密」というわけです。密教が「秘密の仏教」といわれる所以《ゆえん》です。

密教では、護摩焚《ごまた》き(46ページ参照)を代表とする加持《かじ》・祈祷《きとう》によって除災《じょさい》招福《しょうふく》を祈る現世利益《げんぜりやく》を重視します。そのような呪術的な部分こそが、言葉ではいい表せない神秘的なところなのです。

仏教の開祖であるお釈迦様がさとりを開く前から真理は存在し、その真理そのものを大日如来《だいにちにょらい》と考えたわけです。

密教と顕教はどう違うの？

3 【本尊】「大日如来」がわかれば、空海がわかる！

大日如来は密教の根本本尊《こんぽんほんぞん》とされています。宇宙全体をつつみ込む絶対的な存在で、〝真理そのもの〟ということです。大日如来の慈悲と智恵の光はこの世のすべてのものを照らしだしていると考えられています。ちなみに、お釈迦様は大日如来が現世《げんぜ》に現れた姿です。

空海は、大日如来の教えを理解する（さとりの境地に至る）には、自分自身が大日如来になりきることが最も大切なことだと説きました。

しかし、真言宗のお寺のなかには、大日如来を本尊としていないところもあります。それは、一切の諸仏は大日如来が時と場所、そして願いに応じて姿を変えて現れると考えるからです。たとえば、病気平癒《へいゆ》を願う人々が集まるお寺では薬師如来《やくしにょらい》に、学問成就なら文殊菩薩《もんじゅぼさつ》が本尊になるというわけです。

大日如来とはどんな仏様？

一般の如来像とは違って、胸飾りや腕輪などの装飾品を着けて頭に宝冠を戴《いただ》いている。これは仏教における王位、如来の最高位を示している。

4 【宗派の名前】真言宗——その名前の由来、真言とは？

そもそも、空海は中国から正統な密教を継いで宗派を開いたのだから、宗名を「密教」としてもよかったのかもしれません。しかし密教（雑密《ぞうみつ》。34ページ参照）は、奈良時代から仏教の教えのひとつとして断片的に伝わっていました。また、空海が帰国する一年前に、最澄《さいちょう》が密教の教えも取り入れて天台宗を開いていました。

そこで空海は、中国から持ち帰った密教経典の中にあった「真言陀羅尼宗《しんごんだらにしゅう》」という呼び名から、「真言宗」と決めたのではないかといわれています。

「真言」とは、真理そのものである大日如来が発した言葉のことです。真言は、漢語や日本語にされずに、梵語《ぼんご》（古代インドのサンスクリット語）のままとなえます。

空海は、仏道修行のなかで真言をとなえることが最も重要であるといいました。となえる語句自体に神聖な力がそなわっていると考えられているからです。

ありがたい「真言」をとなえてみよう

光明真言《こうみょうしんごん》

オン　ア　ボ　キャ　ベイ　ロ　シャ　ナウ
マ　カ　ボ　ダラ　マ　ニ　ハン　ドマ
ジンバ　ラ　ハラ　ハ　リタ　ヤ　ウン

〔意訳〕

オーン（仰ぎたてまつります）

すべてを内蔵し泥中より汚れなく咲く蓮華《れんげ》のような智恵を持つ大日如来の光明《こうみょう》につつまれて、私はさとりの境地に入ります。

ウーン（ああ、尊い仏様）

真言には、一切の罪障《ざいしょう》を消滅する功徳《くどく》がある

5 【空海の思想】即身成仏――「生きているうちに仏になれる」

真言宗の特徴は「さとり」と「現世利益《げんぜりやく》」をあわせ持っていることです。その特徴を最も明確に表しているのが〝即身成仏《そくしんじょうぶつ》〟の教えです。

即身成仏とは、この世に生きている間に仏になれるということです。すべての人間は仏性《ぶっしょう》（仏と変わらぬ心）を持っているが、ふだんはそれを忘れていて、煩悩《ぼんのう》などで覆い隠されています。だから、自分が本来持っている仏性に目覚めることができれば、仏と一体となって生きたまま、さとりの生活ができると教えています。

即身成仏の第一ステップは、自分には仏性があることを自覚することです。第二ステップは、自覚を踏まえたうえで仏になりきって三密行《さんみつぎょう》（192ページ参照）という修行を続けます。その修行を重ねると、もともとそなわっていた仏性が現れ、さとりの境地に至ることができるというわけです。

誰もが「仏と変わらぬ心」を持っている

誰もが
仏になれる
迷える私たちと、
さとりの仏は、
本性において、
まったく同じ

この現実の世界にこそ、真理のはたらき（仏性）がひそんでいる！仏身は六大（地・水・火・風・空・識）から成り立ち、世間の凡夫もまた六大から成り立っている。私たちはただそれに気づかない。

自分が本来持っている仏性に目覚めることが大事！

6 【さとり】曼荼羅——「私たちをつつむ大いなる力」

〝曼荼羅《まんだら》〟とは、梵語《ぼんご》のマンダラをそのまま漢字にした音写語で「本質を有するもの」という意味です。真言宗の曼荼羅図は、仏のさとりの道理（胎蔵《たいぞう》曼荼羅）と、さとりの世界へ至る道筋と智恵の働き（金剛界《こんごうかい》曼荼羅）を視覚化したものです。

胎蔵曼荼羅は、真言宗がよりどころとする密教経典『大日経《だいにちきょう》』に、金剛界曼荼羅は同じく『金剛頂経《こんごうちょうぎょう》』に基づき、「両界曼荼羅《りょうがいまんだら》」と呼ばれ、お寺の本堂の本尊の左右に掛けられます。胎蔵曼荼羅は大日如来の慈悲を表し、金剛界曼荼羅は大日如来の智恵を表します。お寺の本堂にはこの二つが一体となったさとりの世界がつくりだされるわけです。

曼荼羅が掛けられたお寺の本堂を訪ねてみてください。そこで心を落ち着けてみると、あたたかいものにつつまれた感動を覚えるはずです。

密教の「さとり」の世界に浸ってみよう

右（東）にはすべてをつつみ込む慈悲の心を表す胎蔵曼荼羅、左（西）には人生を深める智恵の光を表す金剛界曼荼羅が掛けられている。

7 【最澄と空海】「天台密教」とは？「真言密教」とは？

日本の密教は、最澄が開いた天台宗と、空海が開いた真言宗によって発展しました。天台宗の密教は略して「台密《たいみつ》」、真言宗の密教は、空海が嵯峨《さが》天皇から賜《たまわ》った東寺《とうじ》（教王護国寺《きょうおうごこくじ》）の密教ということから「東密《とうみつ》」とも呼ばれています。

天台密教は顕教と密教は根本的に同じである（顕密一致）という考え方なのに対し、真言密教は、密教こそが仏教の究極の教えであり、顕教は密教に到達するまでの過程である（密教優位）という考え方です。そこが両者の大きな違いです。

最澄は、『法華経《ほけきょう》』を基にした中国天台宗の教え（円教《えんぎょう》）に、当時隆盛だった密教を取り入れて日本独自の総合仏教として天台宗を開きました。ところが朝廷の要請など密教を求める声が高まり、天台宗は密教色を強めるようになったというのが真相です。

密教は真理のすべてを解き明かした教え

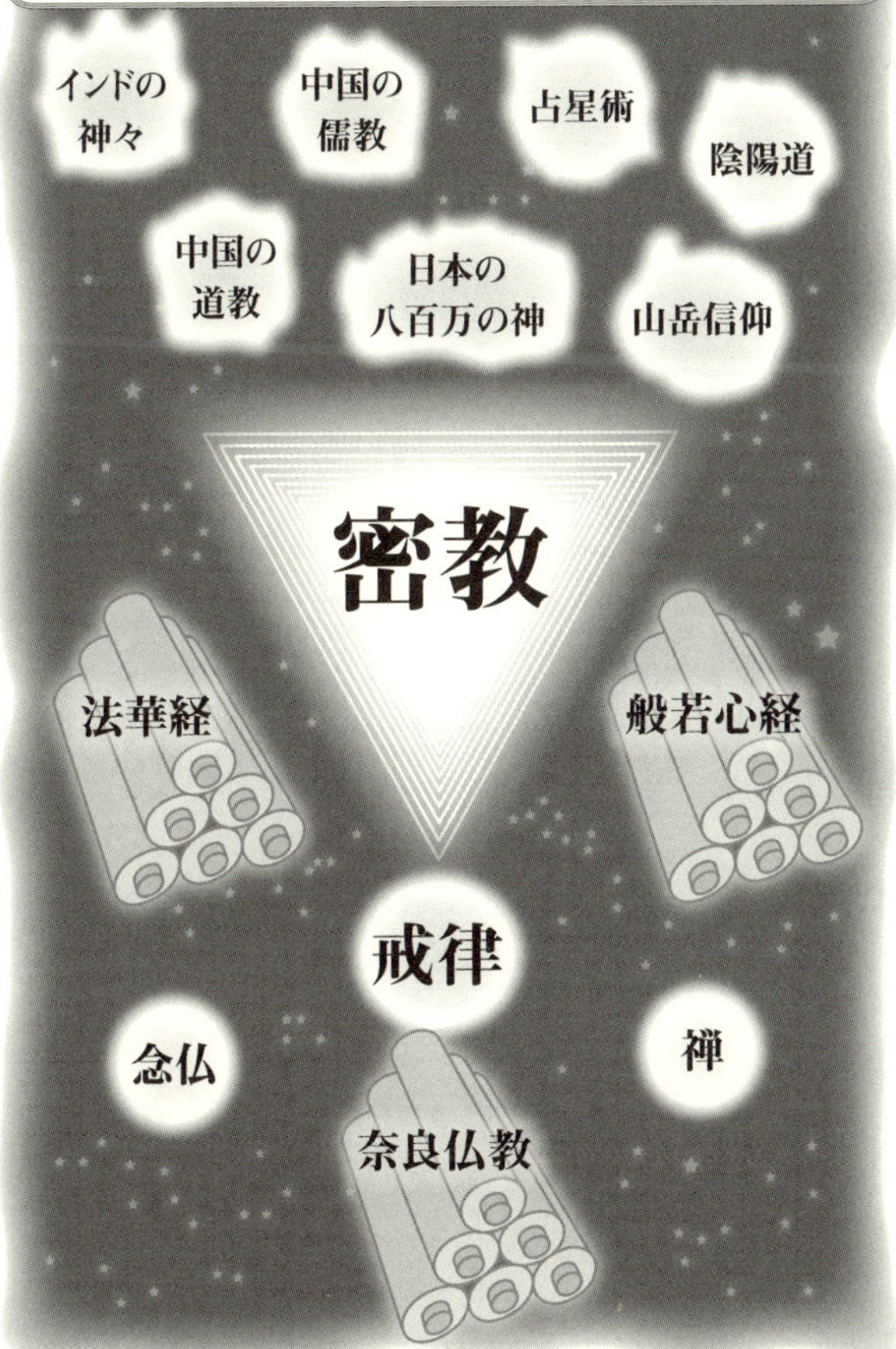

8 【真言密教の八祖】
なぜ日本人の空海が、密教の「正統」なのか?

密教は、紀元前五世紀に仏教が起こる前、インドのバラモン教や民間習俗のなかですでにひろまっていました。それがお釈迦様の入滅《にゅうめつ》後、仏教と結びついて発展し、四~五世紀に仏教における初期密教が成立したといわれます。ただその頃の密教はまだ体系化されておらず、雑然としていたので雑部《ぞうぶ》密教(雑密《ぞうみつ》)と呼ばれます。

七世紀にインドで『大日経』と『金剛頂経』が成立し、「仏尊はすべて、大日如来の化身である」という教えが整備・体系化されて密教は飛躍的に発展します。これを正純密教(純密)といいます。

この純密を世にひろめたのは「密教伝持《でんじ》の第一祖」といわれるインド僧の龍猛《りゅうみょう》です。龍猛は〝空《くう》〟の思想(113ページ参照)を論理的に整理し、「大乗《だいじょう》仏教の祖師」と称される龍樹《りゅうじゅ》と同一人物であるともいわれています。

龍猛より密教を授かった龍智《りゅうち》が真言密教の奥義《おうぎ》を金剛智《こんごうち》に七年にわたって伝えたとされます。龍智は長寿を保ち、金剛智の弟子の不空《ふくう》がインドへ来たとき教えを伝えたほか、『西遊記《さいゆうき》』で知られる玄奘三蔵法師《げんじょうさんぞうほうし》に〝空〟の思想を伝えたともいわれています。また龍智は、善無畏《ぜんむい》の師とされる達磨掬多《だるまきくた》であるとも伝えられています。

そして金剛智と不空が『金剛頂経』を、善無畏が『大日経』を漢語に翻訳し、中国へ伝えました。不空は西域出身の中国僧で、金剛智に二十五年間仕えました。また中国僧の一行《いちぎょう》は善無畏の漢訳を助け、『大日経疏《だいにちきょうしょ》』という解説書を著し、金剛智からも『金剛頂経』系の教えを受けていたといわれます。

そして不空の弟子の恵果《けいか》が、一行の兄弟弟子である玄超《げんちょう》と出会ったことで、インドから中国へ別々に伝わった『金剛頂経』系の教えと『大日経』系の教えが恵果に受け継がれ、空海に授けられて日本へ伝えられたのです。

空海の著作『秘密曼荼羅教付法伝《ひみつまんだらきょうふほうでん》』には、歴史上の人物である「伝持の祖」のほか、大日如来を第一祖、金剛薩埵《こんごうさった》を第二祖とする密教の正統性を示す「付法《ふほう》の祖」が記されています。

――真言密教の八祖

1 ～ 8……密教の正統性を示す八祖
①～⑧……密教をひろめた八祖

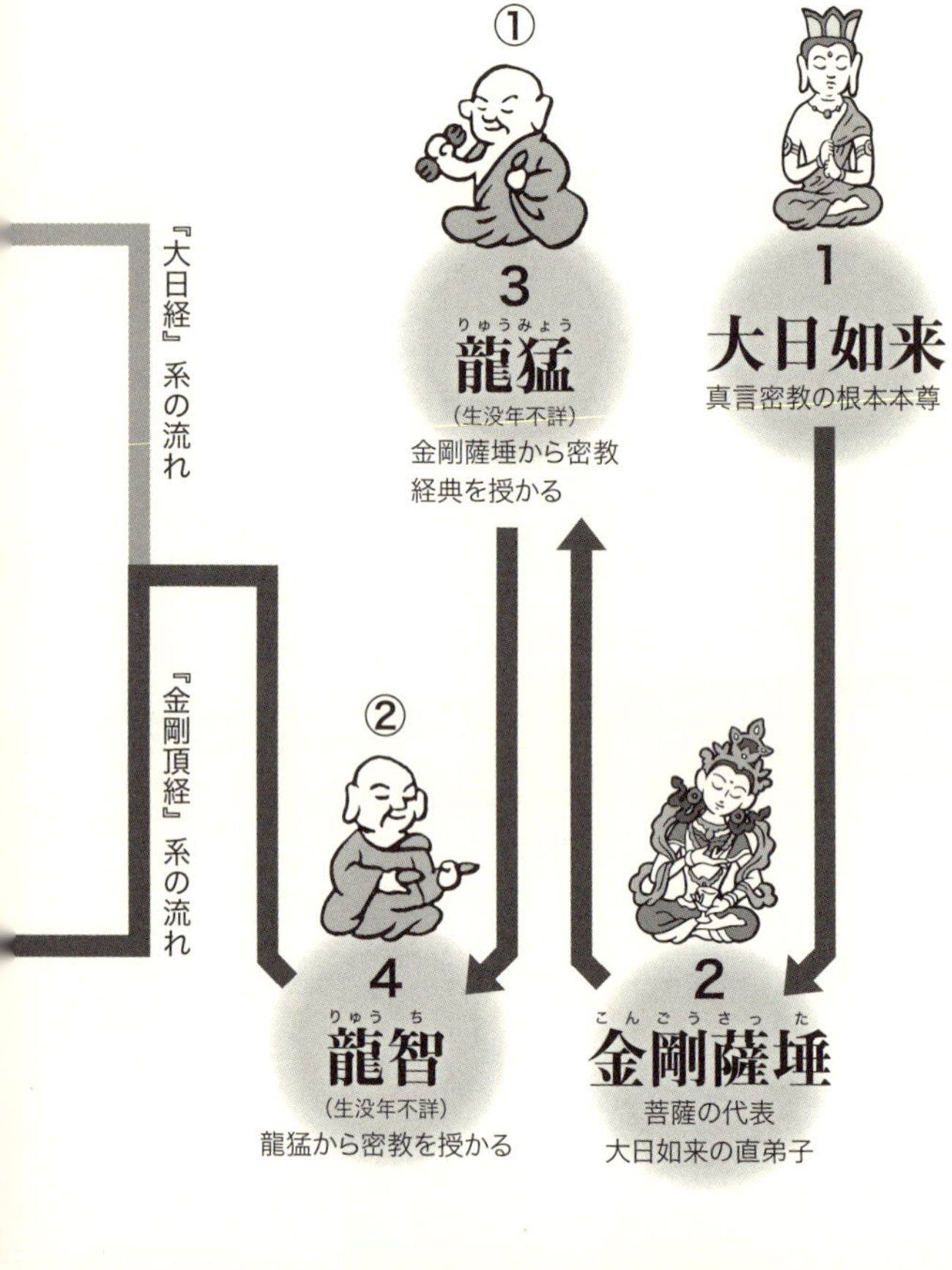

正統密教が空海に至る道

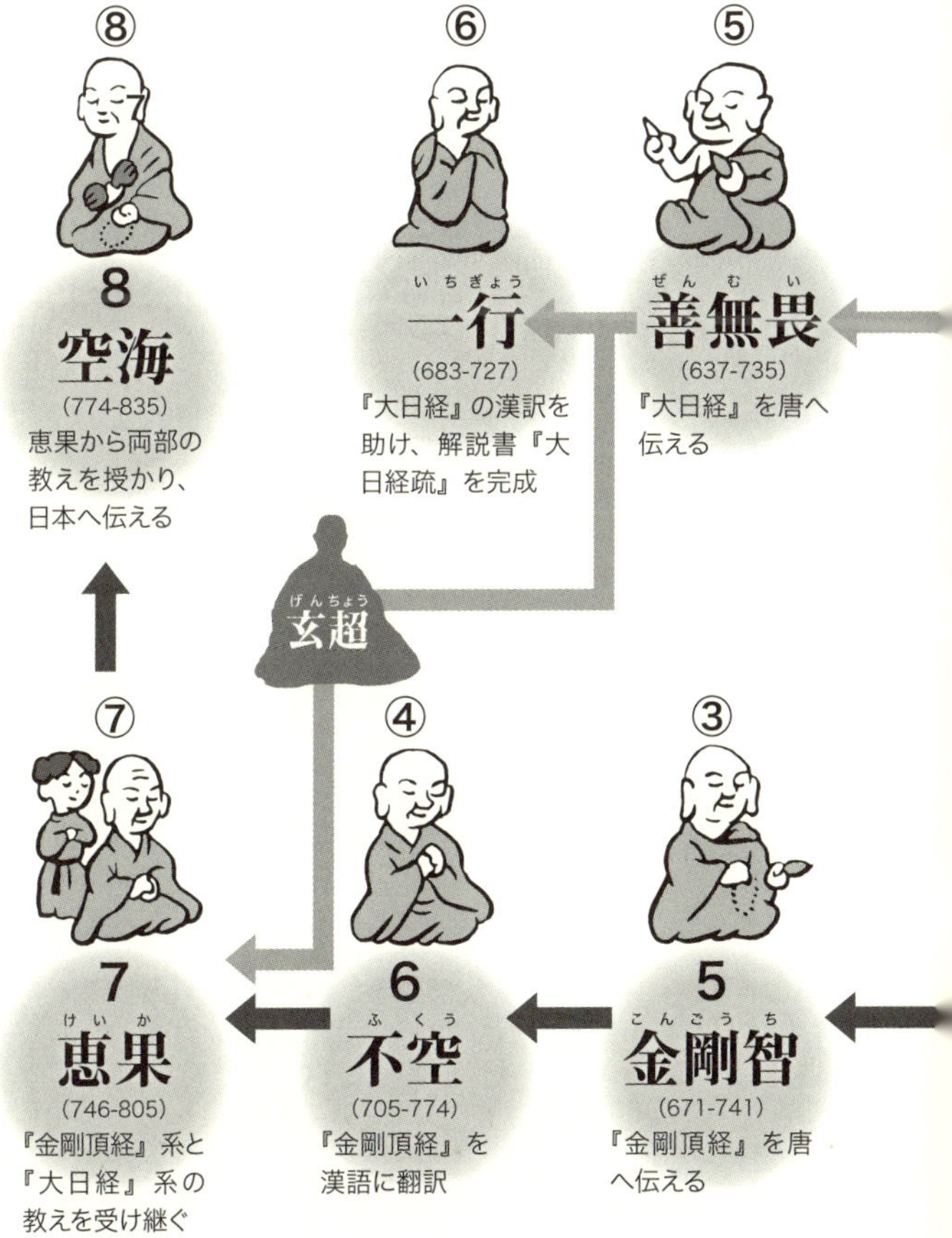

⑧
8
空海
(774-835)
恵果から両部の教えを授かり、日本へ伝える
⑥
一行《いちぎょう》
(683-727)
『大日経』の漢訳を助け、解説書『大日経疏』を完成
⑤
善無畏《ぜんむい》
(637-735)
『大日経』を唐へ伝える
玄超《げんちょう》
⑦
7
恵果《けいか》
(746-805)
『金剛頂経』系と『大日経』系の教えを受け継ぐ
④
6
不空《ふくう》
(705-774)
『金剛頂経』を漢語に翻訳
③
5
金剛智《こんごうち》
(671-741)
『金剛頂経』を唐へ伝える

9 【信仰】「大師といえば弘法大師」の理由

大師といえば「弘法大師＝空海」のことだと思っている方も多いはず。しかし、実際には大師と呼ばれる僧は二十数名います。大師号は、高僧が朝廷から「大いなる師」として下賜《かし》される諡号《しごう》（生前の業績をたたえる名）のことです。もとは中国で行なわれていた習慣で、日本でもそれをまねて始まったとされています。

大師号を日本で最初に贈られたのは空海ではありません。八六六年に天台宗の祖師・最澄（伝教《でんぎょう》大師）と三代座主《ざす》（法主《ほっしゅ》）・円仁《えんにん》（慈覚《じかく》大師）が、清和《せいわ》天皇から贈られました。これは最澄が没して二十二年後、円仁が没して二年後のことでした。

空海が弘法大師の号を贈られたのは入定《にゅうじょう》後（没後）八十六年を経た九二一年、醍醐《だいご》天皇からで日本で三番目となります。空海の曾孫《そうそん》弟子にあたる観賢《かんげん》の働きかけによるものでした。観賢は、生まれながらに仏のさとりがそなわっていることを意味する「本覚《ほんがく》大師」という名前をすすめましたが、醍醐天皇が空海の著作から「弘《こう》法利生《ぼうりしょう》」（仏様の教えをひろめ、人々に利益を与えること）という言葉を見つけだし、「弘法大師」になったと伝えられます。

真言宗で大師号を贈られた僧は、益信《やくしん》（本覚《ほんがく》大師）、覚鑁《かくばん》（興教《こうぎょう》大師）、聖宝《しょうぼう》（理源《りげん》大師）、実恵《じちえ》（道興《どうこう》大師）、真雅《しんが》（法光《ほうこう》大師）、俊芿《しゅんじょう》（月輪《がちりん》大師）がいます。また、鎌倉仏教の祖師である法然《ほうねん》（円光《えんこう》大師など）、親鸞《しんらん》（見真《けんしん》大師）、道元《どうげん》（承《じょう》陽《よう》大師）、日蓮《にちれん》（立正《りっしょう》大師）などにも大師号は贈られています。

では、なぜ〝大師＝弘法大師〟なのでしょうか——。

その理由は、名僧としての華々しい実績に加え、土木、建築、医療、教育など多彩な分野で民衆の生活に対し、直接的に貢献したことが大きいでしょう。また、「弘法筆をえらばず」とことわざにもその名を残していることからもわかるように、「日本三筆」にかぞえられる筆の達人でもありました。

それだけ多くの人々から親しまれ、崇拝の対象にまでなっているから、やはり大師といえば弘法大師なのでしょう。

10 【伝説】弘法大師ゆかりの湯はなぜ、たくさんあるのか？

名僧に伝説はつきものですが、空海ほど全国至る所に伝説を残している僧はいないでしょう。その数は三千編を超えるともいわれます。その伝説のテーマも、水にまつわるもの、動植物にまつわるもの、石や鉱物にまつわるもの、お寺の開基や仏像にまつわるものなどさまざまです。

なかでも圧倒的に多いのは湧水や温泉などにまつわる伝説です。生活の基本となる水への人々の関心度は、灌漑《かんがい》用水や治水の技術に乏しかった平安時代と現代とでは比較にならないでしょう。

空海の名を一躍高めたのも、祈雨《きう》の祈祷《きとう》対決の伝説です。八二四年の夏、日照りが続き干ばつに苦しむ民衆を救おうと、淳和《じゅんな》天皇は西寺《さいじ》の守敏《しゅびん》と東寺の空海に祈雨の祈祷を命じました。守敏は都に一日だけ雨を降らせましたが、空海は全国に三日三晩雨を降らせ、干ばつの危機を救ったのです。

全国の水にまつわる伝説の多くは、独鈷《とっこ》（密教の法具。44ページ参照）や、錫杖《しゃくじょう》（僧侶が遊行《ゆぎょう》のときに持つ杖《つえ》）で地面や岩盤を突くと、そこから水や温泉が湧き出したというものです。

たとえば弘法大師の清水（富山県上市町《かみいちまち》）は、水事情に悩む村人のことを知った空海が護摩《ごま》を焚《た》き、錫杖で地面を突くとそこから水が湧き出したと伝わります。現在では〝飲むと頭が良くなる弘法の清水〟として多くの人が水を汲みに来ています。

また、福島県の磐梯山《ばんだいさん》近くでは、村の娘が貴重な水を空海にすべて供養したところ、翌朝、磐梯山の麓から水が湧き出してそれが猪苗代湖《いなわしろこ》になったと伝えられます。温泉では、法師《ほうし》温泉（群馬県みなかみ町）、修善寺《しゅぜんじ》温泉（静岡県伊豆市）、龍神《りゅうじん》温泉（和歌山県田辺《たなべ》市）なども弘法大師伝説の残る名湯として知られています。

弘法大師伝説の多くはフィクションですが、空海は土木技術師としての業績も残していますから、そうしたさまざまな水伝説が残るのも必然的なことなのかもしれません。

——人々を救った水伝説

出湯《でゆ》温泉 新潟県阿賀野市

809年に大師が五頭山《こずさん》を開いた際、錫杖を突いて湧出させた。

あつみ温泉 山形県鶴岡市

大師の夢枕に童子が立ち、発見した。

ねぶた温泉 石川県輪島市

大師が湯だまりで傷を癒やす猪を見て発見した。

法師温泉 群馬県みなかみ町

大師が発見した石膏泉《せっこうせん》。

川場《かわば》温泉 群馬県川場村

飲み水と脚気《かっけ》に困っていた村人のため大師が湧出させた。

熊野《ゆや》の清水 千葉県長南町《ちょうなんまち》佐坪

1985年名水百選。弘法の霊泉。

塩野温泉 滋賀県甲賀市

江戸時代の文献に大師が湧出させたと記録が残る。

鹿塩《かしお》温泉 長野県大鹿村

塩のない生活に苦労する村人のため大師が錫杖を突くと塩水が湧出した。

湯村温泉郷 山梨県甲府市

道の大石を大師が錫杖で寄せると温泉が湧出した。杖《つえ》の湯。

修善寺《しゅぜんじ》温泉 静岡県伊豆市

病気の父の体を洗う少年を見た大師が独《とっ》鈷杵《こしょ》で突くと薬湯が湧出した。独鈷の湯。

弘法大師ゆかりの温泉・清水

湯免《ゆめん》温泉 山口県長門市

大師が夢のお告げで発見したラジウム泉。

熊の川温泉 佐賀県佐賀市

大師が田の中で傷を癒やす鵆《ちどり》を見て発見した。鵆熊泉《こうゆうせん》。

まむし温泉 福岡県糸島市

まむしにかまれて苦しんでいる人のため大師が薬水を湧出させた。

杖立《つえたて》温泉 熊本県小国町《おぐにまち》

大師が湯の効能に感銘し杖を立てると枝や葉が生えてきた。

弘法池の水 石川県白山市釜清水町

1985年名水百選。大師が錫杖を突いた岩の穴から湧出した。

中ノ寺《なかのてら》の霊水 富山県富山市上滝《かみだき》

とやまの名水。祠《ほこら》の下から湧き、「弘法大師の水」と呼ばれている。

三方《みかた》 石観音の霊水 福井県若狭町

ふくいのおいしい水。石観音は大師が一夜で彫ったと伝わる。

杖ノ渕《じょうのふち》 愛媛県松山市南高井町

1985年名水百選。大師が錫杖で突くと湧出し、淵となった。

千羽《せんば》温泉・薬王寺温泉 徳島県美波町

815年に大師が薬王寺を開いた際に発見した。

龍神温泉 和歌山県田辺市龍神村

弘仁年間（810～824年）、大師が灘陀《なんだ》龍王の夢のお告げで発見した。

11

【法具】密教の法具、これだけは知っておきたい！

密教では修法《しゅほう》（加持《かじ》・祈祷）を行なうときに、他の宗派では見られない特徴のある法具を用います。基本的な法具は「金剛杵《こんごうしょ》」と「金剛鈴《こんごうれい》」です。

金剛杵は古代インドの武器だったもので、煩悩を打ち破るための法具とされています。両端が五股《いつまた》のものを「五鈷杵《ごこしょ》」、三股《みつまた》のものを「三鈷杵《さんこしょ》」、一つの突起になったものを「独鈷杵《とっこしょ》」といいます。

金剛鈴《れい》は、金剛杵《しょ》と鈴が一体となったもので、修法のときに神仏と一体化するために鳴らします。先端の形によって「五鈷鈴《ごこれい》」「三鈷鈴《さんこれい》」「独鈷鈴《とっこれい》」「宝珠鈴《ほうじゅれい》」「塔《とう》鈴《れい》」の五種類があります。

空海が中国から持ち帰った五鈷杵、五鈷鈴、金剛盤《こんごうばん》（杵と鈴を置く台）は現存し、東寺の「後七日御修法《ごしちにちみしほ》」という真言宗最大の法要で毎年用いられています。

まるで武器のような密教の法具

五鈷鈴《ごこれい》
先端の突起の周囲に4つの爪がついている。
五鈷杵《ごこしょ》
金剛盤《こんごうばん》
塔鈴《とうれい》
先端が塔の形をしている。
宝珠鈴《ほうじゅれい》
先端に宝珠がついている。
三鈷杵《さんこしょ》
両端の突起の脇に爪がついている。
独鈷杵《とっこしょ》
両端が突起になっている。

12

【加持・祈祷】

炎の行――「護摩焚き」の本当の意味

密教の代表的な修法《しゅほう》は護摩焚《ごまだ》きです。護摩とは「焚《た》く」「焼く」を意味する梵語ホーマを漢字にした音写語です。古代インドのバラモン教で行なわれていた儀式を仏教に取り入れたものだといわれます。

真言宗では、護摩の火を大日如来の智恵の光、護摩木《ごまき》などの供物を煩悩と見なし、智恵の火で煩悩を焼き尽くすことを意味しています。「内護摩《ないごま》」と「外護摩《げごま》」の二種類があり、内護摩は心の中で煩悩を焼き尽くすことをイメージする修法で、外護摩は実際に護摩木を焚く修法です。

護摩焚きの目的は「息災」「増益《そうやく》」「調伏《ちょうぶく》」「敬愛《けいあい》」の四種類があり、それぞれ護摩木を焚く炉の形や僧侶のすわる向きなどに違いがあります。また、屋外に護摩木を積み上げて行なう「柴灯護摩《さいとうごま》」と、堂内の護摩壇《ごまだん》で行なう「壇護摩《だんごま》」があります。

火の行「護摩焚き」とは?

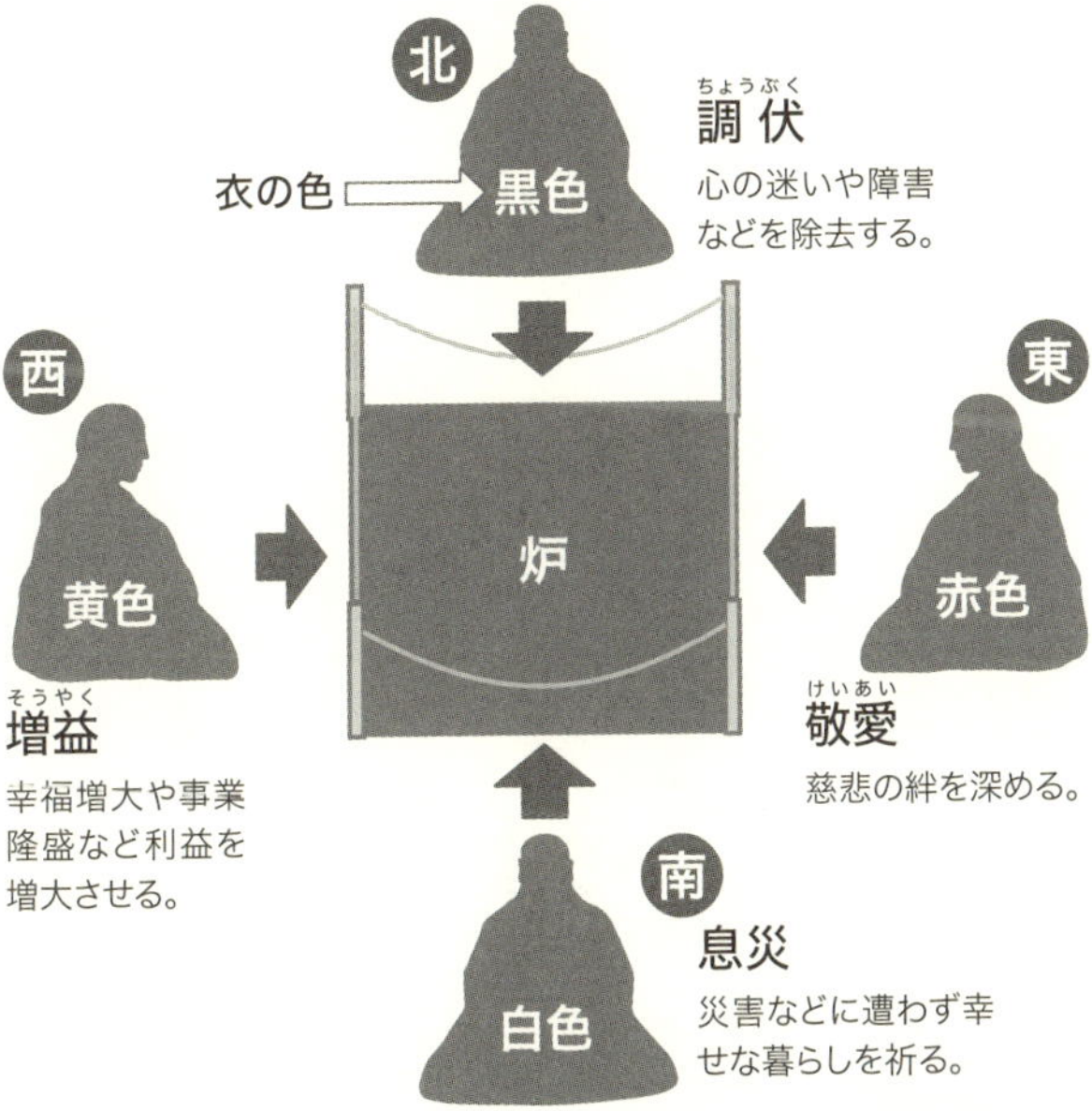
北
調伏《ちょうぶく》
心の迷いや障害
などを除去する。
衣の色
黒色
西
黄色
増益《そうやく》
幸福増大や事業
隆盛など利益を
増大させる。
炉
東
赤色
敬愛《けいあい》
慈悲の絆を深める。
南
息災
災害などに遭わず幸
せな暮らしを祈る。
白色

増益炉　息災炉　調伏炉　敬愛炉

祈願の目的によって、炉の形、衣の色、
すわる向きなどを変える。

13 【真言宗各派】真言宗十八本山――空海の思想がわかる！

空海没後、真言宗は数多くの門派に分かれて発展しました。現在は主要な門派が「真言宗各派総大本山会」（十八本山）を形成し、連携を図っています。

十八本山は大まかに三つのグループに分けられます。高野山真言宗をはじめとする「古義《こぎ》真言宗」、平安時代末期に高野山《こうやさん》をおりて根来寺《ねごろじ》を開いた覚鑁《かくばん》に始まる「新義《しんぎ》真言宗」、そして奈良仏教の律宗の思想も取り入れた「真言律宗《りっしゅう》」です。

いずれも空海の思想を受け継ぎ、教義に大きな違いはありませんが、真言律宗は戒律を重んじ、新義真言宗は真言教学の研究に熱心で学問面を重視しています。

また、皇族や貴族の子弟が出家して住職を務めた門跡寺院が多いのも真言宗の特徴です。十八本山のなかで、寺院数が最も多いのは高野山真言宗で三千七百カ寺ほど、そして真言宗智山派《ちさんは》、真言宗豊山派《ぶざんは》が続きます。

真言宗の十八本山

＊上から宗派名、本山、所在地、寺院数

〔古義真言宗〕

- 高野山真言宗
  総本山
  金剛峯寺《こんごうぶじ》
  和歌山県高野町《こうやちょう》
  3,670

- 東寺真言宗
  総本山
  教王護国寺《きょうおうごこくじ》
  (通称:東寺《とうじ》)京都市
  138

- 真言宗醍醐派
  総本山
  醍醐寺《だいごじ》
  京都市
  843

- 真言宗御室派《おむろは》
  総本山
  仁和寺《にんなじ》
  京都市
  773

- 真言宗大覚寺派
  大本山
  大覚寺《だいかくじ》
  京都市
  371

- 真言宗山階派《やましなは》
  大本山
  勧修寺《かじゅうじ》
  京都市
  132

- 真言宗泉涌寺派
  総本山
  泉涌寺《せんにゅうじ》
  京都市
  66

- 真言宗中山寺派
  大本山
  中山寺《なかやまでら》
  兵庫県宝塚市
  6

- 真言三宝宗《さんぼうしゅう》
  大本山
  清澄寺《きよすみでら》
  (通称：清荒神《きよしこうじん》)
  兵庫県宝塚市
  7

- 真言宗須磨寺派《すまでらは》
  大本山
  福祥寺《ふくしょうじ》
  (通称:須磨寺)
  兵庫県神戸市
  11

- 真言宗善通寺派
  総本山
  善通寺《ぜんつうじ》
  香川県善通寺市

- 真言宗善通寺派
  大本山
  随心院《ずいしんにん》
  京都市

  （善通寺派）244

- 信貴山《しぎさん》真言宗
  総本山
  朝護孫子寺《ちょうごそんしじ》
  奈良県平群町《へぐりまち》
  33

〔新義真言宗〕

- 新義真言宗
  総本山
  根来寺《ねごろじ》
  和歌山県岩出《いわで》市
  207

- 真言宗智山派《ちさんは》
  総本山
  智積院《ちしゃくいん》
  京都市
  2,909

- 真言宗豊山派《ぶざんは》
  総本山
  長谷寺《はせでら》
  奈良県桜井市
  2,636

〔真言律宗〕

- 真言律宗《りっしゅう》
  総本山
  西大寺《さいだいじ》
  奈良市

- 真言律宗
  大本山
  宝山寺《ほうざんじ》
  奈良県生駒《いこま》市

  （真言律宗）91

平成23年版　宗教年鑑（文化庁編より）

14

【遍路】一度はめぐってみたい四国八十八カ所霊場

全行程およそ千四百キロ、年間の巡礼者数が三十万人ともいわれる四国八十八カ所霊場。そこは今から約千二百年前に空海が修行をしながら歩いた霊地とされています。この四国霊場をめぐることを「遍路《へんろ》」といい、めぐる人たちのことを地元の人たちは親しみと崇敬の意味をこめて「お遍路さん」と呼んでいます。

四国霊場はもともと僧たちの修行の場でしたが、江戸時代後期から一般の人たちが巡拝するようになりました。病気に苦しむ人がお大師様に救いを求めてめぐったり、健康増進を兼ねての巡礼であったり、現在は自分探しの旅であったり、あるいは納経帳《のうきょうちょう》に御朱印《ごしゅいん》を押してもらうスタンプラリー感覚でめぐっている人もいます。

八十八カ所霊場の一番札所は「発願寺《ほつがんじ》」と呼ばれる霊山寺《りょうぜんじ》（徳島県鳴門市）です。ここから四国を時計回りにめぐり、八十八番札所の「結願寺《けちがんじ》」と呼ばれる大窪寺《おおくぼじ》

（香川県さぬき市）までが全行程です。徳島県を「発心《ほっしん》の道場」（一番～二十三番）、高知県を「修行の道場」（二十四番～三十九番）、愛媛県を「菩提《ぼだい》の道場」（四十番～六十五番）、香川県を「涅槃《ねはん》の道場」（六十六番～八十八番）と、仏道修行の段階をたどるようになっています。

一番から八十八番までを順番どおりにめぐることを「順打ち」といい、これが一般的ですが、反対にめぐる「逆打《さかう》ち」をする人もいます。逆打ちをする人は悩みが深い人で、これを達成すると〝ご利益《りやく》〟がひときわ大きいともいわれます。

また、道場ごとに区切ったり何度かに分けたりしてすべてをめぐることを「区切り打ち」といいます。ちなみに「打ち」というのは、昔のお遍路さんは自分の名前を書いた納札《おさめふだ》を、めぐったお寺のお堂にクギで打ちつけたことに由来します。

移動手段は、徒歩、車、公共交通機関、自転車などさまざまです。すべてを徒歩でめぐると四十日から五十日かかります。車でめぐれば十日から二週間ほどで八十八カ所をめぐることができます。団体バスツアーも多数企画されています。

遍路に特別なルールはありませんが、せっかくの遍路旅を充実したものにするに

――お大師様と「同行二人」の旅

香川県　涅槃《ねはん》の道場

66 雲辺寺《うんぺんじ》
67 大興寺《だいこうじ》
68 神恵院《じんねいん》
69 観音寺《かんおんじ》
70 本山寺《もとやまじ》
71 弥谷寺《いやだにじ》
72 曼荼羅寺《まんだらじ》
73 出釈迦寺《しゅっしゃかじ》
74 甲山寺《こうやまじ》
75 善通寺《ぜんつうじ》
76 金倉寺《こんぞうじ》
77 道隆寺《どうりゅうじ》
78 郷照寺《ごうしょうじ》
79 天皇寺《てんのうじ》
80 国分寺《こくぶんじ》
81 白峯寺《しろみねじ》
82 根香寺《ねごろじ》
83 一宮寺《いちのみやじ》
84 屋島寺《やしまじ》
85 八栗寺《やくりじ》
86 志度寺《しどじ》
87 長尾寺《ながおじ》
88 大窪寺《おおくぼじ》

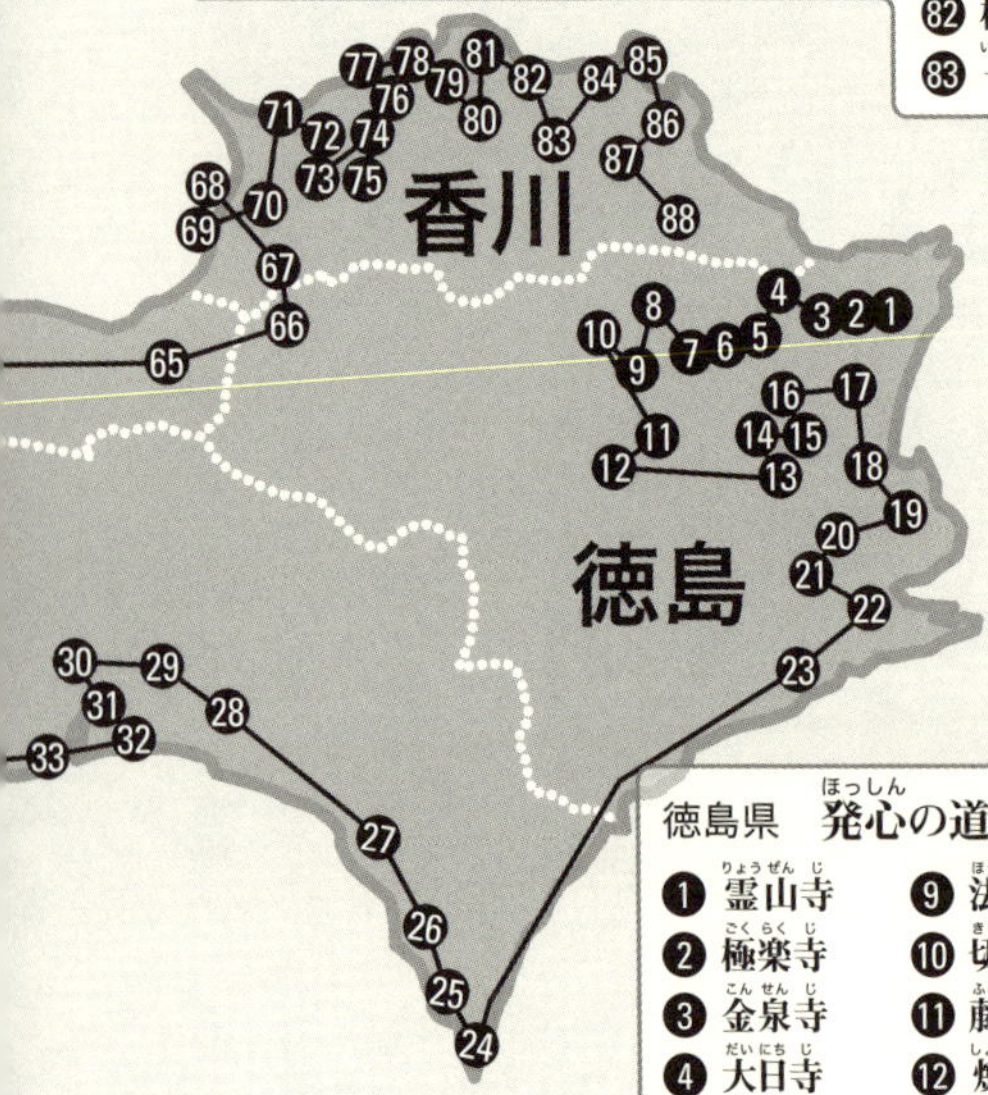

徳島県　発心《ほっしん》の道場

1 霊山寺《りょうぜんじ》
2 極楽寺《ごくらくじ》
3 金泉寺《こんせんじ》
4 大日寺《だいにちじ》
5 地蔵寺《じぞうじ》
6 安楽寺《あんらくじ》
7 十楽寺《じゅうらくじ》
8 熊谷寺《くまたにじ》
9 法輪寺《ほうりんじ》
10 切幡寺《きりはたじ》
11 藤井寺《ふじいでら》
12 焼山寺《しょうさんじ》
13 大日寺《だいにちじ》
14 常楽寺《じょうらくじ》
15 国分寺《こくぶんじ》
16 観音寺《かんおんじ》
17 井戸寺《いどじ》
18 恩山寺《おんざんじ》
19 立江寺《たつえじ》
20 鶴林寺《かくりんじ》
21 太龍寺《たいりゅうじ》
22 平等寺《びょうどうじ》
23 薬王寺《やくおうじ》

四国八十八ヵ所霊場遍路「マップ」

愛媛県　菩提《ぼだい》の道場

- ㊵ 観自在寺《かんじざいじ》
- ㊶ 龍光寺《りゅうこうじ》
- ㊷ 仏木寺《ぶつもくじ》
- ㊸ 明石寺《めいせきじ》
- ㊹ 大宝寺《だいほうじ》
- ㊺ 岩屋寺《いわやじ》
- ㊻ 浄瑠璃寺《じょうるりじ》
- ㊼ 八坂寺《やさかじ》
- ㊽ 西林寺《さいりんじ》
- ㊾ 浄土寺《じょうどじ》
- ㊿ 繁多寺《はんたじ》
- 51 石手寺《いしてじ》
- 52 太山寺《たいさんじ》
- 53 円明寺《えんみょうじ》
- 54 延命寺《えんめいじ》
- 55 南光坊《なんこうぼう》
- 56 泰山寺《たいさんじ》
- 57 栄福寺《えいふくじ》
- 58 仙遊寺《せんゆうじ》
- 59 国分寺《こくぶんじ》
- 60 横峰寺《よこみねじ》
- 61 香園寺《こうおんじ》
- 62 宝寿寺《ほうじゅじ》
- 63 吉祥寺《きちじょうじ》
- 64 前神寺《まえがみじ》
- 65 三角寺《さんかくじ》

高知県　修行の道場

- ㉔ 最御崎寺《ほつみさきじ》
- ㉕ 津照寺《しんしょうじ》
- ㉖ 金剛頂寺《こんごうちょうじ》
- ㉗ 神峯寺《こうのみねじ》
- ㉘ 大日寺《だいにちじ》
- ㉙ 国分寺《こくぶんじ》
- ㉚ 善楽寺《ぜんらくじ》
- ㉛ 竹林寺《ちくりんじ》
- ㉜ 禅師峰寺《ぜんじぶじ》
- ㉝ 雪蹊寺《せっけいじ》
- ㉞ 種間寺《たねまじ》
- ㉟ 清滝寺《きよたきじ》
- ㊱ 青龍寺《しょうりゅうじ》
- ㊲ 岩本寺《いわもとじ》
- ㊳ 金剛福寺《こんごうふくじ》
- ㊴ 延光寺《えんこうじ》

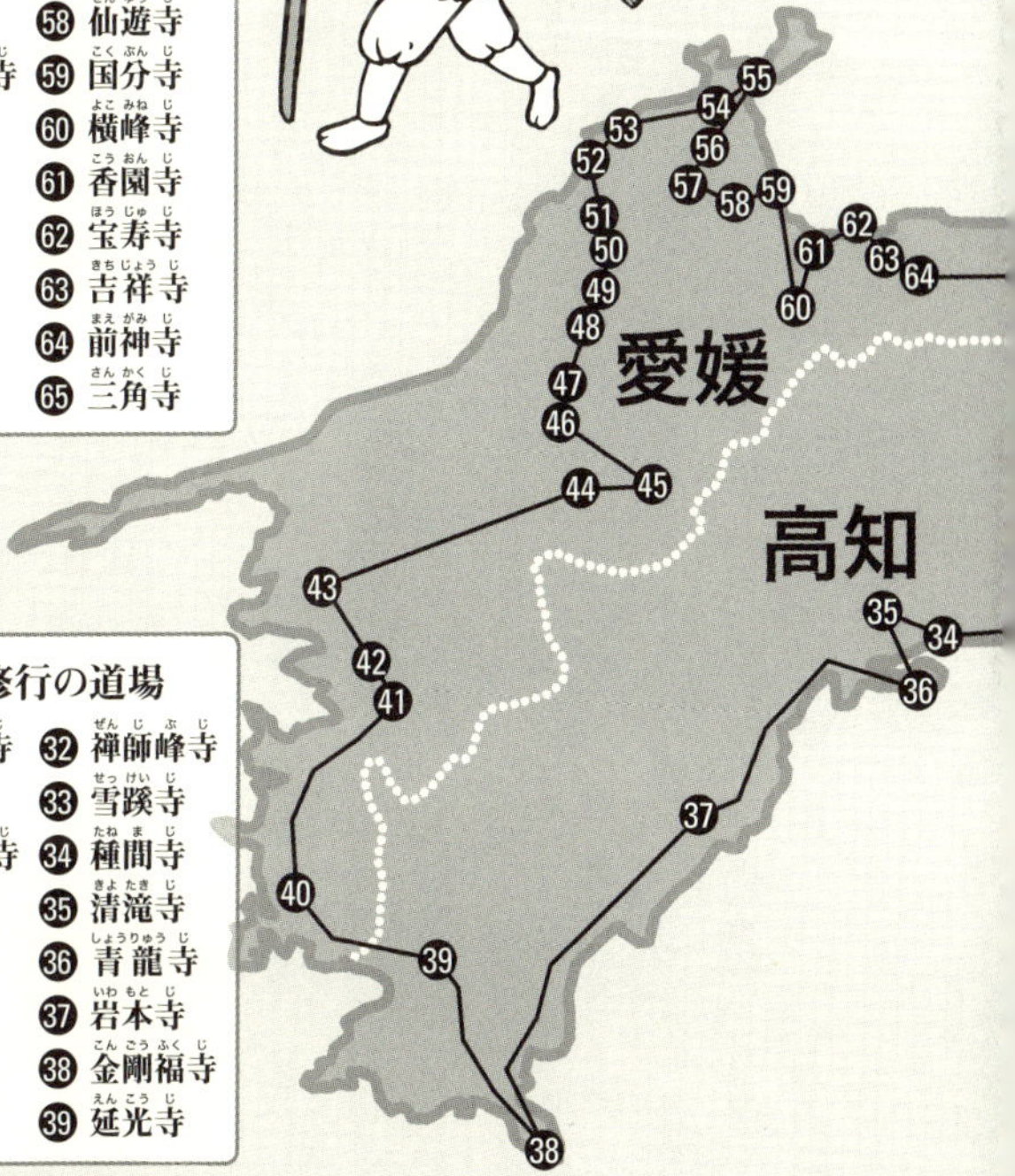

は、遍路用品やお寺での基本的な礼拝作法についても知っておいたほうがよいでしょう。まず、あったほうがよいのは「金剛杖《こんごうづえ》」と「白衣《はくえ》」。

金剛杖は登山のストックの役割です。また、金剛杖には弘法大師が宿り、お遍路さんを導いてくれるといわれます。疲れたときや険しい道でも「同行二人《どうぎょうににん》」（お大師様と二人連れ）で歩いている気持ちになれます。「南無大師遍照金剛《なむだいしへんじょうこんごう》」と弘法大師の宝号《ほうごう》（仏としての名前）をとなえながら歩くお遍路さんが多いようです。

白衣には、修行の自覚がそなわります。また、他のお遍路さんとも交流しやすくなります。靴は地下足袋《じかたび》の人もいますが、履き慣れたスニーカーや軽登山靴のほうがよいでしょう。そのほかには、輪袈裟《わげさ》と数珠《じゅず》、各霊場でお参りするときに納める納札、御朱印をもらう場合は納経帳なども用意します。

礼拝《らいはい》の作法は、まず山門の前で合掌《がっしょう》、一礼して山門をくぐり、手水舎《ちょうずや》で手を洗い口をすすぎます。あれば輪袈裟を掛けて数珠を持ち、本堂に礼拝、納札を納箱《おさめばこ》に入れます。弘法大師をまつる大師堂に礼拝し、最後に納経所に行って御朱印をもらいます。巡拝を重ねるうちに落ち着いて礼拝できるようになってきます。

2章

超人「空海」とは、どういう人？

※都＝長岡京（784～793年）・平安京（794年～）
❹さまざまな分野で活躍
～国家のため、人々のために働く
821年　48歳　満濃池の治水工事
823年　50歳　京の東寺（教王護国寺）を賜る
828年　55歳　東寺に庶民の学校「綜藝種智院」を開校
834年　61歳　宮中にて鎮護国家を願い、「後七日御修法」を行なう
京
❸❹
難波津《なにわづ》
金峯山
❶
屛風ヶ浦《びょうぶがうら》
❺
高野山
大瀧嶽
石鎚山
室戸岬
❺高野山で入定
～永遠の存在として人々の心の中に生きつづけている
835年　62歳　3月21日、高野山にて入定

空海の足跡を知れば、教えの真髄がわかる

❶生誕～山岳修行
～エリートコースを捨て仏道を志す

774年	1歳	讃岐国屏風ヶ浦（香川県善通寺市）に誕生
791年	18歳	都の大学に入学するも退学し、各地の山岳で修行する
797年	24歳	信仰宣言書『三教指帰』を著す

❷恵果との出会い
～真理を求めて唐へ渡る

804年	31歳	東大寺で受戒。遣唐船で入唐
805年	32歳	青龍寺の恵果に師事し、伝法灌頂を受ける

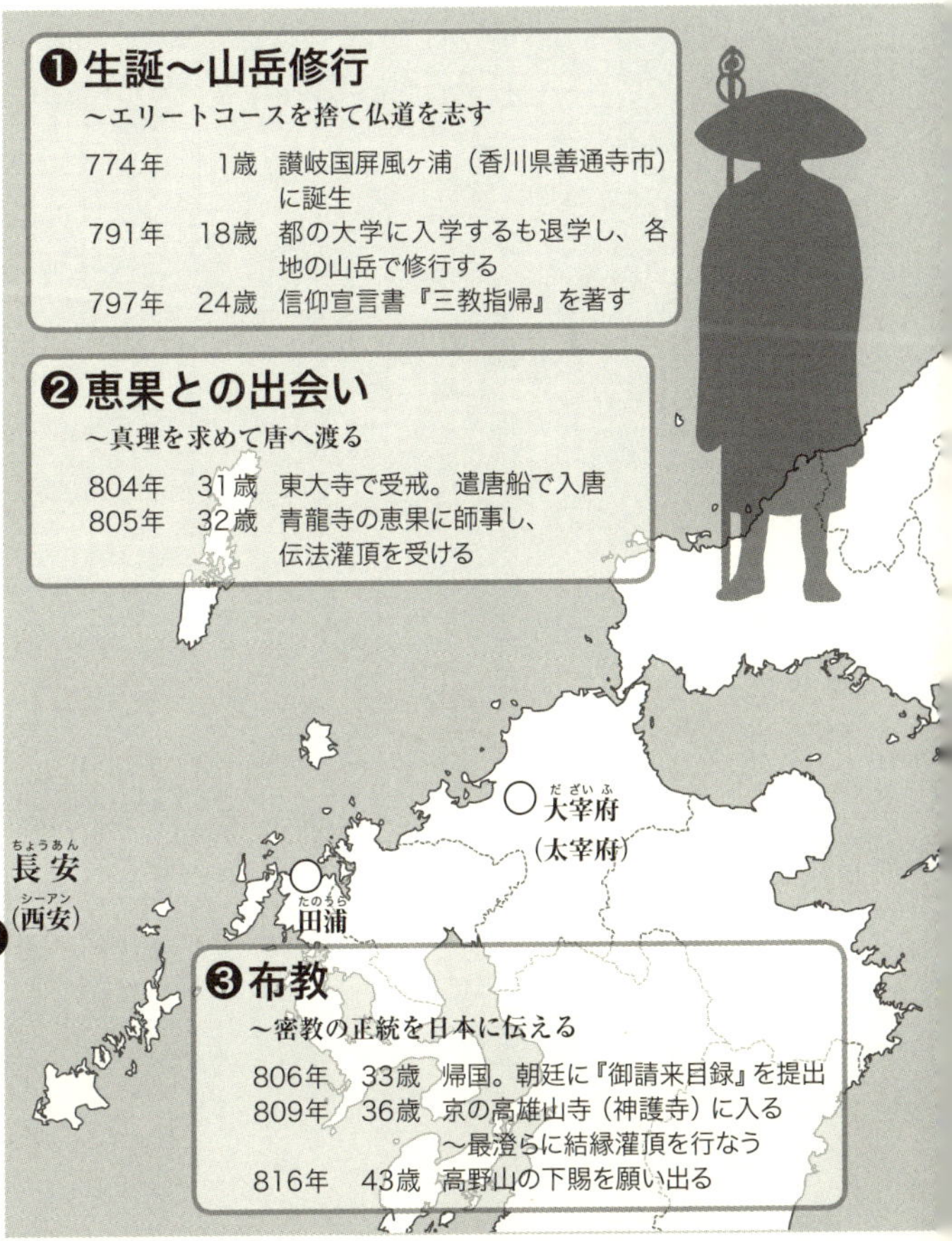

❸布教
～密教の正統を日本に伝える

806年	33歳	帰国。朝廷に『御請来目録』を提出
809年	36歳	京の高雄山寺（神護寺）に入る ～最澄らに結縁灌頂を行なう
816年	43歳	高野山の下賜を願い出る

1 空海はなぜ、「エリートコースを捨てた」か？

【宗祖の生い立ち】

「弘法大師《こうぼうだいし》」として親しまれ、崇拝の対象となった超人・空海《くうかい》――。

いったいどのような人物で、どのような生涯を送ったのでしょうか。

空海は奈良時代末期の七七四年六月十五日、讃岐国《さぬきのくに》屏風ヶ浦《びょうぶがうら》（現在の香川県善通寺市）で生まれました。生誕地には善通寺が建っています。

幼名は真魚《まお》。父は地方豪族の佐伯《さえき》直《あたいの》田公《たきみ》、母は阿刀《あと》氏の出の玉依御前《たまよりごぜん》。その三男として生まれますが、兄二人は早世したようです。弟の真雅《しんが》は、のちに空海の弟子になりました。母方の阿刀氏は代々皇族や貴族に学問を教える職を務める名門です。母方の伯父である阿刀大足《あとのおおたり》は、桓武《かんむ》天皇の皇子の教育係を務める儒学者でした。

偉人に出生の伝説はつきものですが、空海は真言密教の八祖のひとりである不空《ふくう》（37ページ参照）の生まれ変わりだと伝わります。偶然にも空海の生まれた日に中

「弘法大師」空海の系図

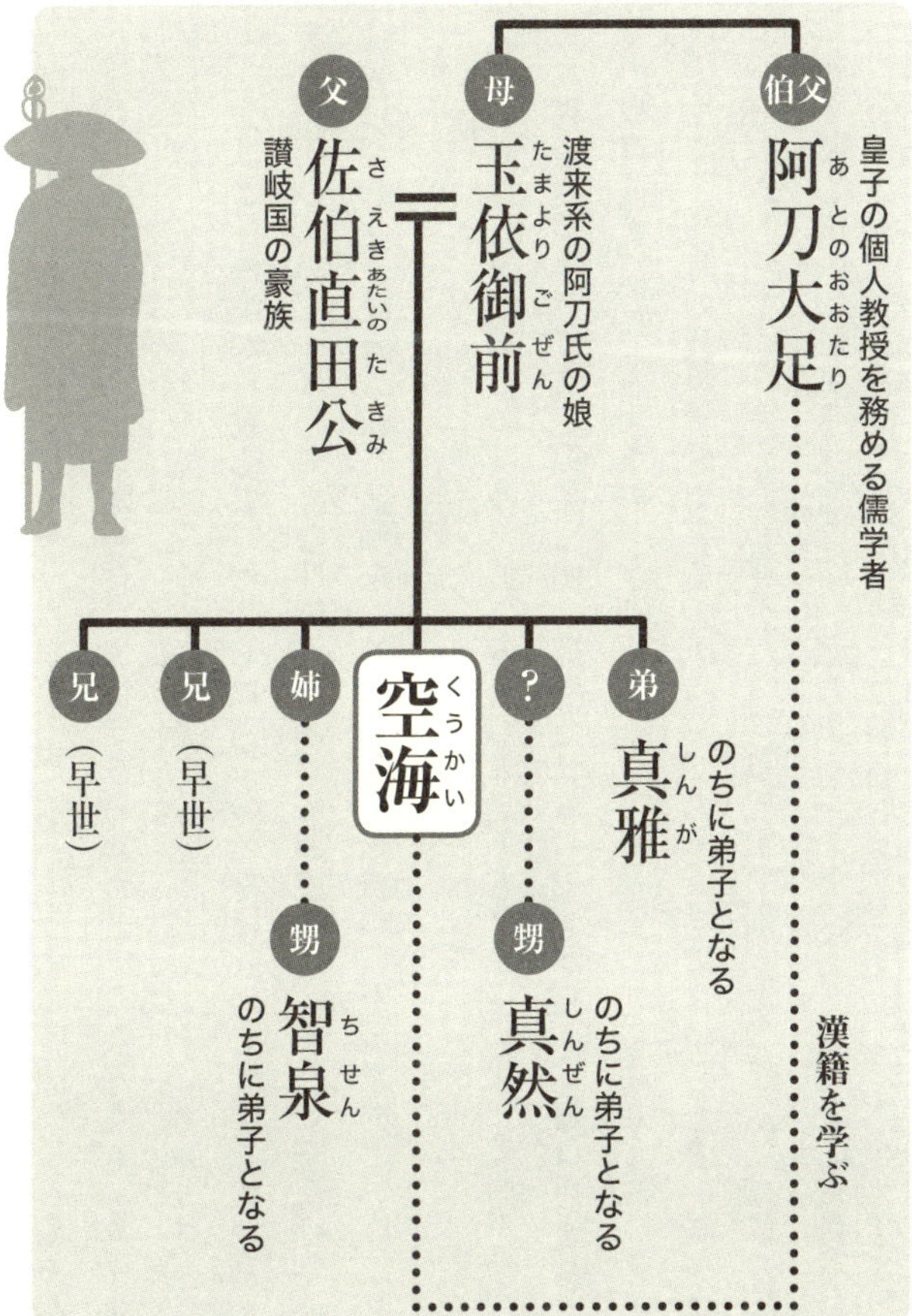
伯父
阿刀大足《あとのおおたり》
皇子の個人教授を務める儒学者
母
玉依御前《たまよりごぜん》
渡来系の阿刀氏の娘
父
佐伯直田公《さえきあたいのたきみ》
讃岐国の豪族
兄
（早世）
兄
（早世）
姉
空海《くうかい》
？
弟
真雅《しんが》
のちに弟子となる
甥
智泉《ちせん》
のちに弟子となる
甥
真然《しんぜん》
のちに弟子となる
漢籍を学ぶ

国で不空が没しているからです。不空は『金剛頂経《こんごうちょうぎょう》』を漢訳し中国にひろめましたが、空海も中国から日本に『金剛頂経』を伝えひろめたという共通点もあります。後年、中国に渡ってこのことを知った空海も、それを信じていたといわれます。

さて、空海は子供の頃から聡明で、近隣では神童の名をほしいままにしていたといわれます。そのため、一族の大きな期待がかかっていました。また、空海は幼い頃から仏教に親しみ、泥をこねて仏像をつくったり、仏様の夢を見たりというエピソードもあります。

十五歳になった空海は都にのぼり、伯父の阿刀大足のもとで三年間、漢籍を学びます。日本屈指の儒学者である伯父に個人教授されるのですから、空海は恵まれすぎるほどの教育環境で育てられたのです。

十八歳になると当時の最高学府で官吏養成機関である大学に入学します。空海は著書の中で当時のことを振り返り、「昔の人は雪明かりや蛍《ほたる》の光で勉強し、首に縄を巻き、錐《きり》で膝《ひざ》を突いて眠気を覚まして頑張る人もいると、自分を叱咤《しった》して勉強に励んだ」と書いているとおり、大学で猛烈に勉強しました。おもに『書経《しょきょう》』『周礼《しゅらい》』

『春秋《しゅんじゅう》』『孝経《こうきょう》』『論語《ろんご》』などの儒教や道教《どうきょう》の経典を学んだようです。成績は常にトップでした。このまま大学を卒業すれば、エリート官僚としての道は約束されていたのです。

しかし当時の大学は、出世のための〝箔《はく》〟をつけるためだけに通う貴族の子弟たちが多く、空海はそんな立身出世主義に疑問を感じていました。当時の心境を空海は、「私が習っているものは、いにしえの人々の糟粕《そうはく》（酒の搾《しぼ》りかす）のようなもので何の役にも立たない」といい残しています。

京で出世したところでいったい何になるのか――。人間にはもっと大切なことがあるのではないかと思い悩んでいた空海は、次第に子供の頃に親しんだ仏教に興味を持ちはじめ、奈良の諸大寺を訪ねるようになりました。そんなある日、空海は一人の沙門《しゃもん》（出家修行者）に出会います。これが、彼の人生を決定づける転機になりました。

沙門は空海に「虚空蔵求聞持法《こくうぞうぐもんじほう》」という修行法を教えたといわれます。空海は沙門の話に背中を押されて、大学を辞め、仏道の道に進むことを決意しました。

2 【山岳修行】
「真言を百万回となえれば、超人的な力が身につく」

大学を一年余りで辞めた空海は、私度僧《しどそう》（朝廷の許可なく出家した僧）となり、山岳修行者として、沙門に授けられた「虚空蔵求聞持法《こくうぞうぐもんじほう》」の修行の日々を送ります。それは、智恵と福徳をそなえた虚空蔵菩薩《こくうぞうぼさつ》の真言《しんごん》を百万回となえれば、呪力が身につき超人的な記憶力と理解力が得られるという修行法です。

壮絶な修行を続けた空海は、ある早朝、彼方に輝く明けの明星《みょうじょう》（虚空蔵菩薩の化身といわれる）が自身の口の中に飛び込んでくるという神秘体験をし、仏教に対する確信を深めたといわれます。

そして空海は七九七年、二十四歳のときに自身の出家宣言書ともいうべき『三教指帰《さんごうしいき》』を著します。この本は、戯曲の形をとり、儒教・道教・仏教の三つの教えを論じて、仏教が最も優れていることを表しています。

『三教指帰』のストーリー

放蕩者を立ち直らせる教えはどれか？

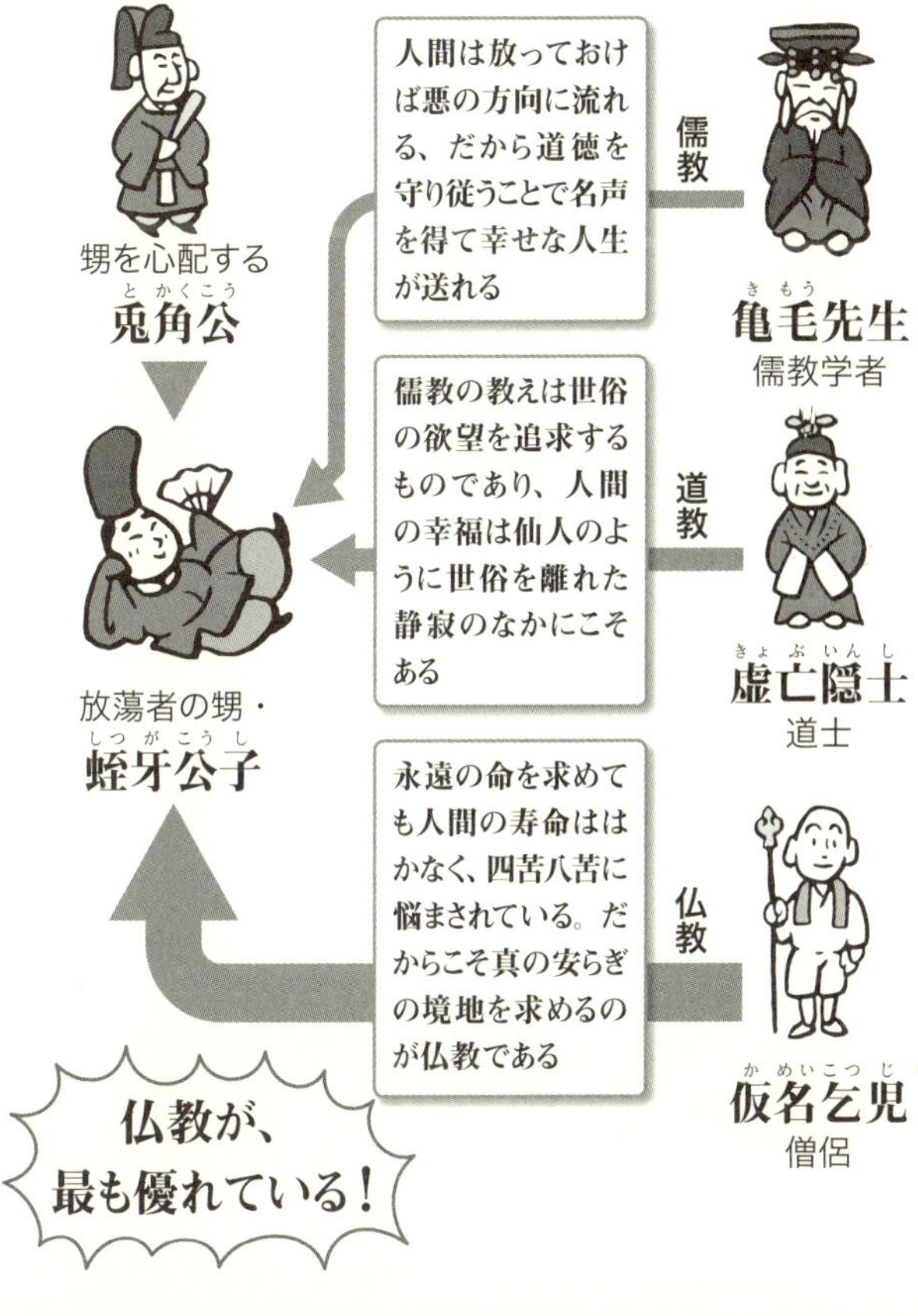
甥を心配する
兎角公《とかくこう》
放蕩者の甥・
蛭牙公子《しつがこうし》
人間は放っておけば悪の方向に流れる、だから道徳を守り従うことで名声を得て幸せな人生が送れる
儒教
亀毛《きもう》先生
儒教学者
儒教の教えは世俗の欲望を追求するものであり、人間の幸福は仙人のように世俗を離れた静寂のなかにこそある
道教
虚亡隠士《きょぶいんし》
道士
永遠の命を求めても人間の寿命ははかなく、四苦八苦に悩まされている。だからこそ真の安らぎの境地を求めるのが仏教である
仏教
仮名乞児《かめいこつじ》
僧侶
仏教が、
最も優れている！

3

【開眼】密教——「これこそが求めていた真理」

二十四歳で『三教指帰』を著してから中国（唐《とう》）へ渡る三十一歳までの七年間、空海の足取りははっきりしていません。ただ、さまざまな伝説が残っています。

密教の両部の大経《だいきょう》のひとつである『大日経《だいにちきょう》』に出合ったのは、『三教指帰』を著した前後とされています。その頃の空海は、霊山をめぐって修行を続け、奈良の諸大寺で経典を読みあさって研鑽《けんさん》を積んだといわれます。

そんなときに夢のお告げにより大和国《やまとのくに》の久米寺《くめでら》（奈良県橿原市《かしはら》）に行き、『大日経』に出合いました。これこそが自分の求めていた真理であると直感した空海は、『大日経』の研究に日々明け暮れます。

しかし、『大日経』は難解であり、作法や修法《しゅほう》などに不明点がありました。当時の日本に、空海が密教経典の内容をたずねられる師はいませんでした。

こうして空海は、当時密教の盛んだった中国へ渡って『大日経』に説かれている教えのすべてを理解したいという思いが募ってきたのでしょう。それを実現するべく、中国へ渡る前にはすでに中国語をほぼマスターしており、密教経典の理解に必要な梵語《ぼんご》（古代インドのサンスクリット語）の素養も身につけていたようです。

また、空海の修行は四国や近畿での山岳修行が中心でした。四国八十八カ所霊場は、その頃の修行の地とされています。じつは、この四国や近畿の修行地の多くは、水銀鉱脈と深い関係があるといわれています。当時は金属採掘と精錬で莫大な利益を生む鉱山技術者集団がいました。

これは想像の域を脱することはできませんが、空海はそうした鉱山技術者とつながりを持ち、中国へ渡る莫大な渡航費用を工面したのかもしれません。

空海が八〇四年に遣唐使の一員として中国へ渡ることができたのは大きな幸運でした。七七九年以来しばらく途絶えていた遣唐使派遣が再開されたのです。そして伯父のバックアップもあり、名もない私度僧の空海が異例の早さで東大寺の戒壇院で受戒して正式な僧侶となり、遣唐使に選ばれました。

4 【留学】唐で何を学んだのか？

八〇四年七月、唐へ向けて肥前国《ひぜんのくに》の田浦《たうら》港（現在の長崎県平戸市）を出航した遣唐使船は四隻あり、別の船には天台宗の宗祖となる最澄《さいちょう》が乗っていました。最澄はそのときすでに比叡山《ひえいざん》に延暦寺《えんりゃくじ》を開創しており、桓武《かんむ》天皇の護持僧を務める仏教界の第一人者でした。最澄は還学生《げんがくしょう》（短期留学生）という国費派遣でしたが、私度僧あがりの空海は留学生《るがくしょう》（二十年以上にわたり唐にとどまって研修する留学生）で私費での派遣でした。当時の二人は、まったく交流がありませんでした。四隻のうち無事に唐へ渡れたのは二隻のみ、空海が乗った船と最澄が乗った船だけでした。約一カ月の漂流の末、空海が乗った船は唐の南端、福州に漂着します。一行が唐の都である長安《ちょうあん》（現在の西安《シーアン》）に到着したのは出発から半年近く後の十二月になっていました。当時の長安は世界有数の国際都市で、人口が百万人におよんだといわれています。

空海はここで二人のインド僧から、密教の修得に欠かせない梵語を学び、それをわずか三カ月でマスターしました。さらに、キリスト教やゾロアスター教、マニ教、イスラム教など世界中のさまざまな宗教知識を身につけます。空海の秀才ぶりは長安の街中に伝わりました。

空海は長安で見聞をひろめながら、本来の目的である密教の正師《しょうし》のもとを訪れるチャンスをうかがっていました。正師とは、青龍寺《しょうりゅうじ》の恵果《けいか》です。

恵果は、密教の「両部の大経」といわれる『大日経』『金剛頂経』の両方を受け継ぎ、統一した密教の正統（真言密教の第七祖。37ページ参照）として君臨していました。恵果のもとには千人の弟子がひしめき合っており、異国の一留学僧が会うことは難しかったのです。

ところが、長安入りして半年が過ぎた八〇五年初夏、青龍寺の門をたたいた空海は、意外にもあっさりと恵果との対面を果たすことができました。

「私はあなたが来るのを待っていた。私の寿命はもうすぐ尽きようとしているが、千人の弟子のなかには正統を伝えるべき者がいない。密教を授けるのはあなたしかいないのだ」

恵果は、日本から密教の正統を求めて天才留学僧が来訪しているという噂《うわさ》を聞いていたのでしょう。その人物、空海をひと目見た瞬間に伝法《でんぽう》を決めたのです。

密教は秘密の仏教ですから、師から弟子へ一対一で授ける秘儀が多数あります。恵果は、自身に残された時間のすべてを空海への伝法に注ぎました。空海はそれに応え、一つ残らず修法《しゅほう》・秘儀のすべてを修得し、伝法から約一カ月で胎蔵の結縁灌《けちえんかん》頂《じょう》を、また一カ月後には金剛界の結縁灌頂を授かりました。

結縁灌頂では、目隠しをして曼荼羅《まんだら》の上に蓮華《れんげ》を投げる「投華得仏《とうけとくぶつ》」という儀式があります。この蓮華が落ちた場所の仏様が生涯の守《まも》り本尊《ほんぞん》となります。空海の胎蔵・金剛両部の灌頂では大日如来の上に蓮華が落ちました。恵果はこれを見て、大日如来の別名である「遍照金剛《へんじょうこんごう》」という宝号《ほうごう》を灌頂名として空海に与えました。

そして空海は、密教の最高位である「阿闍梨《あじゃり》」の伝法灌頂を授かって真言密教の第八祖となり、密教の正統は中国ではなく日本へ伝えられることになりました。

空海の入唐図

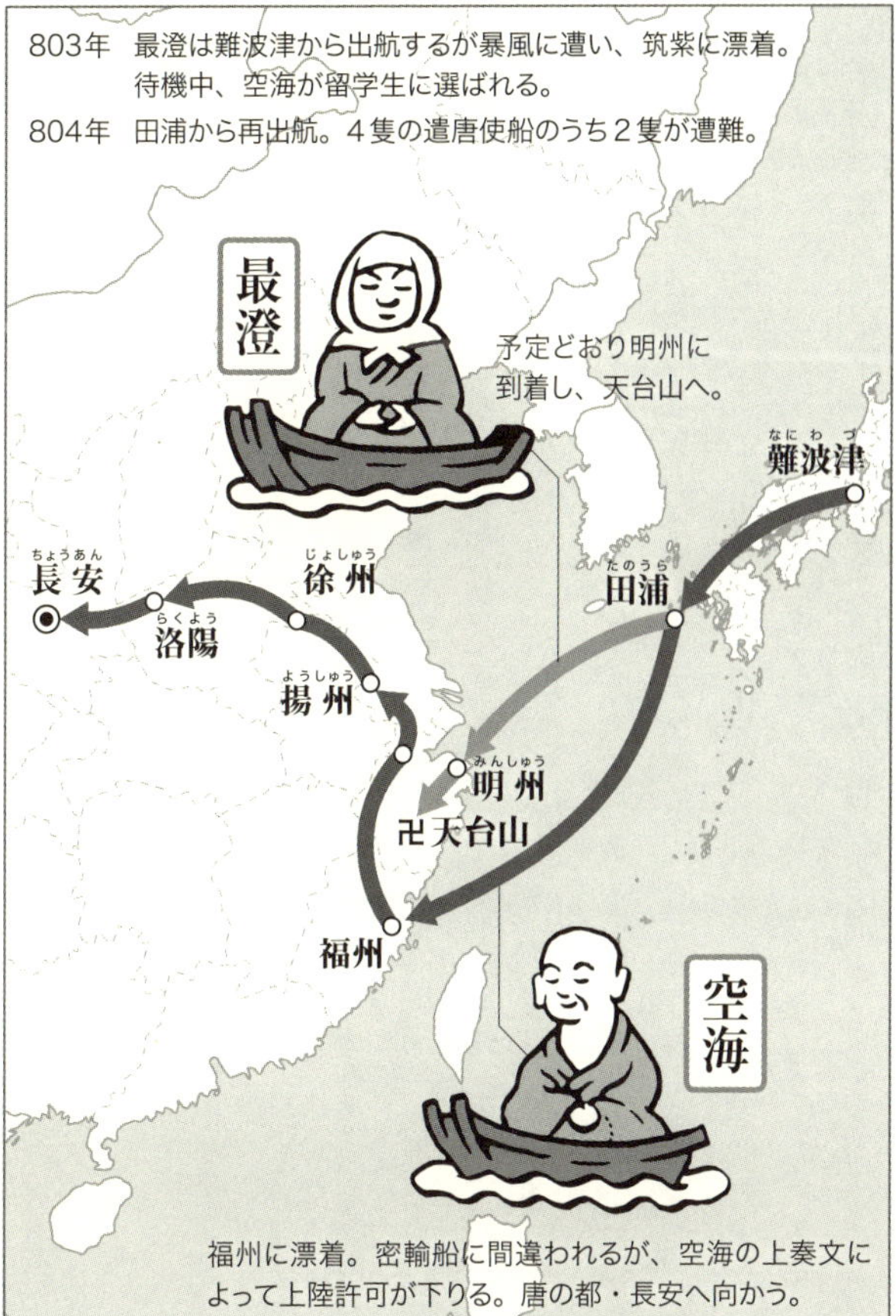
803年　最澄は難波津から出航するが暴風に遭い、筑紫に漂着。
待機中、空海が留学生に選ばれる。
804年　田浦から再出航。４隻の遣唐使船のうち２隻が遭難。
最澄
予定どおり明州に
到着し、天台山へ。
難波津《なにわづ》
田浦《たのうら》
長安《ちょうあん》
徐州《じょしゅう》
洛陽《らくよう》
揚州《ようしゅう》
明州《みんしゅう》
卍天台山
福州
空海
福州に漂着。密輸船に間違われるが、空海の上奏文に
よって上陸許可が下りる。唐の都・長安へ向かう。

5 【成果】「空海がいたから、今の日本仏教がある」

恵果が空海へ授けたのは密教の修法・秘儀だけではありません。名だたる画家に曼荼羅《まんだら》を描かせ、必要な法具を鋳造師に鋳造させ、数十名の写経者を呼んでおびただしい数の密教経典を書写させ、空海に授けました。

また、正統継承者に伝わる金剛杵《こんごうしょ》などの法具を空海に譲りました。正統密教のすべてを伝え終えた恵果は、空海と出会ってから半年後の八〇五年十二月に没します。

さらに空海は、経典や書物の収集や書写を精力的に進めていきました。それは仏教関連だけではなく、医学、工学、文学、占術など幅広い分野におよびました。

留学生《るがくしょう》の空海は本来、唐に二十年以上の滞在を定められていましたが、わずか二年余りで帰国の途につきます。この罪は重いものでしたが、持ち帰った品々を記録した『御請来目録《ごしょうらいもくろく》』を提出し、朝廷に早期帰国の許しを求めました。

空海の『御請来目録』の品々

【経典など】

新訳の密教経典 …… 142部247巻

梵字真言など …… 42部44巻

論疏類《ろんしょるい》（注釈書）…… 32部170巻

【法具など】

図像 …… 10点

仏像、約5メートル四方の巨大な両界曼《りょうがいまん》荼羅《だら》ほか

法具 …… 9種

24～30センチもある大振りな金銅製密教法具（東寺蔵・国宝）ほか

恵果から授かった宝物 …… 13種

金剛智・善無畏・不空・恵果・一行の祖《そ》師図（東寺蔵・国宝）、諸尊仏龕《しょそんぶつがん》（枕本尊・金剛峯寺蔵）、袈裟《けさ》ほか

空海は「国禁を犯した私の罪は重いものですが、
今までにない密教の教えを持って帰りました」と主張！

6 【転機】「最澄が空海の弟子になった」って本当？

八〇六年十月、現在の福岡市博多に帰着した空海ですが、すぐに入京することは許されませんでした。もちろん早期帰国が最大の理由ですが、当時は桓武《かんむ》天皇の崩御などで政局が不安定でした。

また先に帰国していた最澄が密教を伝えていたことで、朝廷は両者の関係をどう扱うか結論が出ておらず許可が遅れたようです。空海は、外交・海防の役所があった太宰府《だざいふ》近くの観世音寺《かんぜおんじ》にしばらく滞在していました。

入京の許しが出たのは八〇九年七月のことです。入京の許可には最澄の尽力がありました。最澄は空海の『御請来目録《ごしょうらいもくろく》』を目にして、自身が唐から伝えた密教経典には不備の多いことがわかり、空海に正統密教の経典借用を頼んだのです。この交流をきっかけに最澄は朝廷に対して空海の入京を強く働きかけたようです。

ようやく京に入ることができた空海は、高雄山寺《たかおさんじ》（現在の神護寺《じんごじ》）の住職を任じられました。ここは最澄と関係の深い和気《わけ》氏の菩提寺《ぼだいじ》です。最澄は経典借用の謝礼として空海を紹介したようです。

嵯峨《さが》天皇が即位したのは同年四月、政治がようやく落ち着こうとしていました。空海は天皇に鎮護《ちんご》国家の修法《しゅほう》を申し出て許され、その年の暮れから翌八一〇年正月にかけて行ないました。

また空海は、八一二年十一月と十二月に最澄とその弟子たちに胎蔵・金剛界両部の結縁灌頂《けちえんかんじょう》を授けました。これは「学法灌頂」ともいい、密教を学ぶ学僧に仏縁を結ばせる儀式です。これにより最澄は空海の弟子になったわけです。日本仏教界の第一人者である最澄を弟子にした空海の名は一気に世にひろまりました。

最澄はさらに、阿闍梨《あじゃり》になるための伝法灌頂《でんぽうかんじょう》を授かりたいと申し出ますが、そのためには少なくとも三年の修行が必要だとして断りました。最澄には比叡山《ひえいざん》を長期間離れる時間がなく断念しました。その後、最澄と空海は重要な密教経典の貸借をめぐる問題などから徐々に疎遠《そえん》になっていったようです。

7 【交流】空海は「時の権力者」とどうつき合ったか？

空海がわずか数年間で日本仏教界のスーパースターになり得たのは、嵯峨《さが》天皇（在位八〇九～八四二）が空海に帰依《きえ》したことが大きいです。

嵯峨天皇は書や詩歌など文芸の教養が高く、なかでも書において秀でていました。嵯峨天皇・橘逸勢《たちばなのはやなり》・空海が「日本三筆」と呼ばれていることからもわかります。

八〇九年秋、神護寺《じんごじ》に入寺した空海は、嵯峨天皇の命《めい》により『世説新語《せせつしんご》』の一文を屏風《びょうぶ》に書いて献上しました。『世説新語』とは、中国南北朝時代の皇族・劉義慶《りゅうぎけい》が編纂《へんさん》した、後漢《ごかん》から東晋《とうしん》の時代に活躍した著名人の逸話を集めた小説集です。それを喜んだ天皇は、文芸の才能に富んだ空海にどんどん惹《ひ》かれていったのでしょう。

空海も嵯峨天皇の御世《みよ》が平安であるよう、その年の暮れから翌年正月にかけて鎮《ちん》護《ご》国家の修法《しゅほう》を行なったことにより天皇の信頼はさらに深まりました。

嵯峨天皇と空海の交流は、為政者と宗教者という関係にとどまらず私的な交流にもおよびました。空海は唐から持ち帰った名家の墨筆《ぼくひつ》、屏風、詩書などを嵯峨天皇に献上して大いに喜ばれたといわれます。献上品には必ず自作の漢詩を添えて贈り、嵯峨天皇もまた、漢詩で返書を認《したた》めたそうです。

こんなエピソードもあります。天皇から依頼された朝廷内の應天門《おうてんもん》に掲げる扁額《へんがく》を書いたときに「應」の字の一画目の点を書き忘れ、そのまま掲げてしまいました。それに気づいた空海は、額を下ろさせず筆を投げつけて書き足したといわれます。これが「弘法にも筆の誤り」（たとえ名人でも失敗することはあるという意味）のことわざの由来です。

八一二年、乙訓寺《おとくにでら》（京都府長岡京市）の別当職《べっとうしょく》（長官）を任ぜられた空海は、狸《たぬき》の毛の自作の筆や、中国から持ち帰った蜜柑を境内に植えて栽培し献上したという記録も残っています。このように空海と嵯峨天皇は深い絆《きずな》で結ばれていたことがわかります。そして嵯峨天皇は、高野山《こうやさん》や東寺《とうじ》（教王護国寺《きょうおうごこくじ》）を下賜《かし》するなど、空海の生涯にわたって最大の協力者になりました。

8 【聖地】高野山――密教「修行の根本道場」

空海はなぜ高野山を選んだのでしょうか――。

高雄山寺を仮の道場と考えていた空海は、かねてから真言密教の根本道場《こんぽんどうじょう》をつくる計画を立てていました。八一六年六月、嵯峨《さが》天皇に紀伊国《きいのくに》の高野山（和歌山県高《こう》野町《やちょう》）の下賜《かし》を願い出ます。そしてわずか二十日後、異例の早さで勅許《ちょっきょ》が下りました。

当時は京から高野山までは三日もかかるので、朝廷からはもっと京に近い鞍馬山《くらまやま》あたりがよいのではないかという意見もあったようですが、空海は当初から高野山に決めていました。入唐《にっとう》前の空白の七年間に修行の地として高野山に足を踏み入れていたからかもしれません。空海が朝廷に提出した文書には、高野山の地形などがくわしく書かれていたそうです。

また、このような伝説もあります。

空海が唐から日本へ帰国するとき、日本での密教布教実現のために、明州《みんしゅう》の港から「根本道場の地を教えたまえ！」と祈願して、手にしていた三鈷杵《さんこしょ》を日本の方角である東に向かって投げました。帰国した空海が修行の地を探して紀伊国あたりの山々をめぐっていると、そこで犬を連れた猟師に出会い、高野山に導かれました。すると眼の前の松の枝に、明州から投げた三鈷杵が引っかかっていたのです。じつは、その猟師は高野山の地主神《じしゅしん》である狩場《かりば》明神《みょうじん》であったと伝えられています。

また、空海が高野山中の神社を宿にしたとき、一人の女性が現れて「私はこの山の主で丹生都比売命《にうつひめのみこと》である。そなたにここを修行の地として授けよう」と申し出たといいます。

空海は高野山の開創にあたり、狩場明神と丹生《にう》明神《みょうじん》（丹生都比売命）をまつり、現在も大切にされています。また、そのときの三鈷杵が引っかかっていたといわれる松は高野山壇上《だんじょう》伽藍《がらん》の御影堂《みえどう》の前にあり、「三鈷《さんこ》の松」と呼ばれています。そして三鈷杵も現存し、「飛行《ひぎょう》三鈷杵」として高野山霊宝館に厳重に保管されています。

さて、弟子たちによって高野山の整地作業が整ったのは開創から二年後の八一八年十一月でした。四十五歳になっていた空海は、そのひと冬を高野山で過ごし、伽藍の配置を決め、翌年五月から建設に取りかかりました。作業は難航し、空海が定住できるようになったのは、開創から十六年後の八三二年でした。

空海が高野山の造営に力を注いでいた八二三年、嵯峨天皇は空海に京の東寺を下賜《かし》しました。これは空海が高野山にかかりきりになって、京に戻らなくなるのではないかと危惧していたからのようです。空海は、高野山を修行の根本道場に、東寺を密教布教の根本道場と位置づけました。当時のお寺は、仏教のさまざまな教えを兼修するのが一般的でしたが、空海は東寺を密教のみの専門道場としました。そして「真言宗」を初めて名乗ったのです。

空海は、東寺を密教寺院として伽藍を整え、唐から持ち帰った経典や法具、仏像などもそこに持ち込みました。なかでも、講堂には密教の教えを表現した曼荼羅《まんだら》を絵ではなく実際の仏像を二十一体配置した立体曼荼羅をつくりました。それらは現存し、国宝に指定されています。

空海が高野山に最初に開いた壇上伽藍

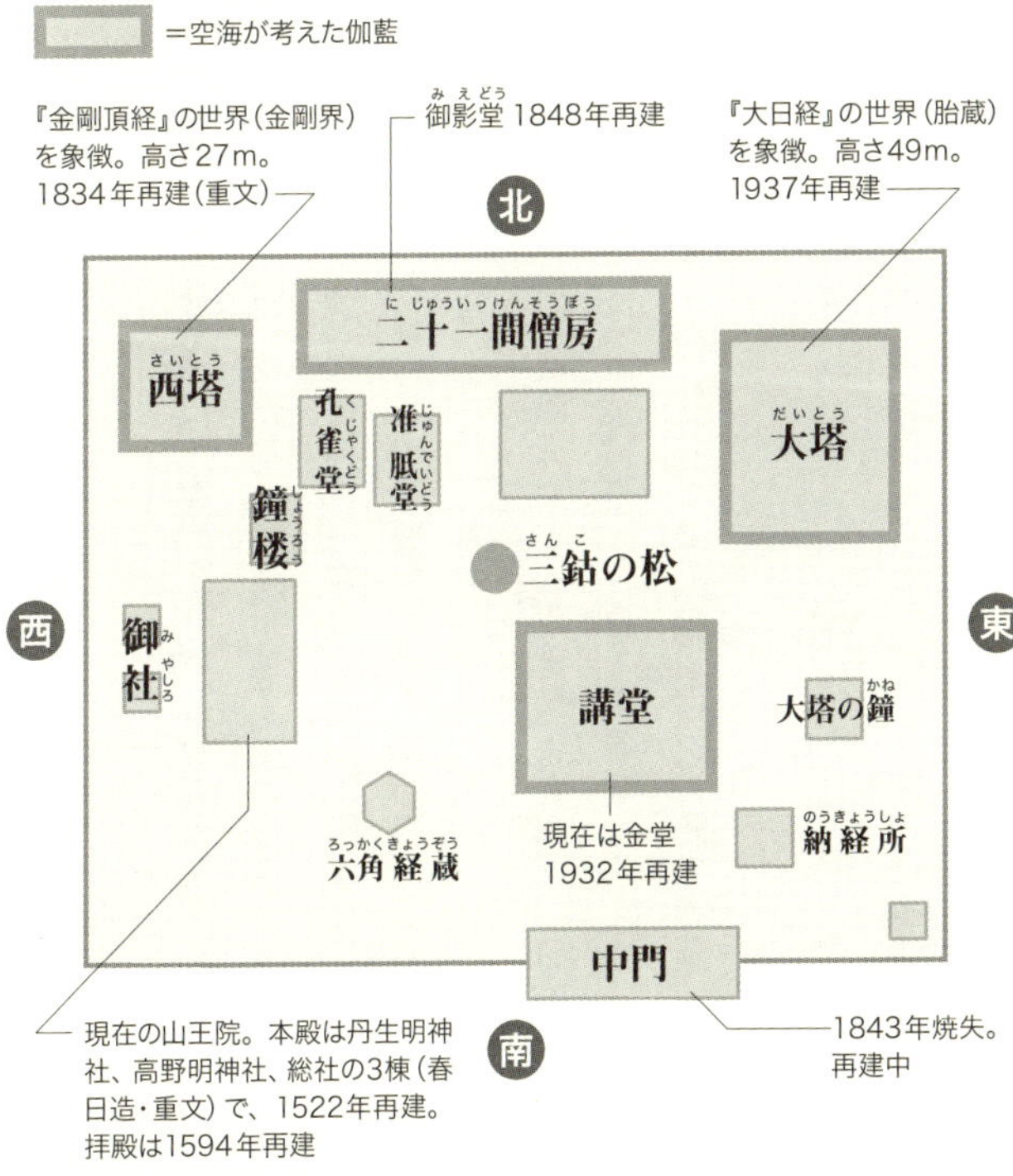

819年春、高野山上に壇上伽藍《だんじょうがらん》を建立するため、七里（約 27.5km）四方に結界を結び、七日七夜にわたり修法を行った。最初に御社を建立。空海が入定前に完成させたのは大塔と講堂、僧房だった。甥《おい》の真然《しんぜん》によって西塔が完成したのは887年。

9 【才能】空海のすごさは密教布教にとどまらない

空海の魅力は、何と言ってもあり余る才能にあります。さまざまな分野においてその才能を発揮し、今日の日本発展の基礎を築いたのです。ここでは、その一部をのぞいてみましょう。

前述のとおり、空海は嵯峨《さが》天皇・橘逸勢《たちばなのはやなり》と並んで「日本三筆」にかぞえられる能書家でした。篆書《てんしょ》・隷書《れいしょ》・楷書《かいしょ》・行書《ぎょうしょ》・草書《そうしょ》などあらゆる書体をよくしました。『三教指帰《さんごうしいき》』の初稿本といわれる『聾瞽指帰《ろうこしいき》』（金剛峯寺《こんごうぶじ》蔵・国宝）など真筆《しんぴつ》が数点現存します。

詩人としての空海は、弟子の真済《しんぜい》（129ページ参照）がまとめた詩集『性霊集《しょうりょうしゅう》』が有名です。また、『文鏡秘府論《ぶんきょうひふろん》』という詩作法の解説書を著しています。空海のもとには詩作を教わりに多くの人が訪ねてきたようです。

教育者としての空海は、日本初の庶民に開かれた学校である綜藝種智院《しゅげいしゅちいん》を開校したことで知られます。

当時の教育制度は、官吏養成機関として京には大学が、地方には国学がありましたが、それは貴族や豪族などの子弟しか入学が許されませんでした。誰もが仏の子であるとする空海は、身分に関係なく平等に教育機会をつくるべきだと主張したのです。そして、大学や国学は儒教中心の教育でしたが、綜藝種智院では儒教・道教・仏教などを偏らずに教える総合教育を行ないました。

中国語や梵語に堪能だった空海は、語学においても大きな足跡を残しています。『篆隷万象名義《てんれいばんしょうみょうぎ》』は、中国の辞典を集めて編纂《へんさん》した日本初の辞典です。そのほかにも梵語の解説書も編纂しています。

文化系分野にとどまらず理科系分野でも業績を残したのが空海の天才たる所以《ゆえん》でもあります。なかでも唐の都・長安で最新技術を学んだ土木・治水技術では多くの人々に恵みをもたらしました。空海の故郷である讃岐国《さぬきのくに》の満濃池《まんのういけ》（香川県まんのう町）の治水工事は有名です。

八二一年、空海は朝廷の命《めい》を受けて、毎年決壊して大きな被害をもたらしている溜池である満濃池の堤防修復に着手します。最新の土木技術を駆使し、それまで何年かかってもできなかった工事をわずか三カ月で終えたのです。水の圧力を分散させるというアーチ状の堤防は、現在の堤防工法の基本になっています。そのほかにも、大和国《やまとのくに》の益田池《ますだいけ》（奈良県橿原市《かしはらし》）の治水工事や摂津国《せっつのくに》の大輪田泊《おおわだのとまり》（兵庫県神戸市）の港湾工事などで手腕を発揮しました。

占星術の分野も空海が第一人者です。密教では修法《しゅほう》を行なう日時を決めるときに星の回りを重視します。そのために『宿曜経《すくようきょう》』というお経に基づく占星術を用います。『宿曜経』を日本に伝えた空海はそれをさらに発展させ、日常生活や日々の行動に積極的に取り入れました。その影響から平安時代には占星術が流行しました。また、東寺には仏教の縁日《にっとう》が記された『三十日秘仏』という文献が伝わっています。

空海は入唐《にっとう》してさまざまな文化や技術を修得しただけではなく、文学、医学、工学等の文献を日本に持ち込みました。それが活かされて、人々はさまざまな分野で恩恵を受けたのです。

空海のさまざまな才能

詩人として

漢詩文集

『性霊集《しょうりょうしゅう》』

詩作法の解説書

『文鏡《ぶんきょう》秘《ひ》府《ふ》論《ろん》』

能筆家として

「五筆和尚《ごひつわじょう》」の称号を賜る

805年、空海は唐の順宗《じゅんそう》皇帝の目の前で、左右の手足と口に5本の筆で持って、中国稀代《きだい》の名書家・王羲之《おおぎし》の五行の詩を一度に書いたという。

語学者として

日本初の漢和辞典

『篆隷《てんこく》万象名《ばんしょうみょう》義《ぎ》』

梵字の解説書

『大悉曇章《だいしったんしょう》』

占星術師として

『宿曜経《すくようきょう》』を伝え、**鎮護《ちんご》国家**の**修法**を行なう

土木技術者として

満濃池《まんのういけ》（香川県まんのう町）などの**治水工事**を行なう

10 【入定】空海は今も生きているってどういうこと？

空海は、綜藝種智院《しゅげいしゅちいん》を開校した八二八年頃から体調に不安を抱えるようになっていました。それでも東寺と高野山の伽藍《がらん》造営や、各地で密教修法《しゅほう》の行事に招かれ、そして執筆にと明け暮れます。

しかし、八三一年には体調はさらに悪化、嵯峨《さが》天皇の後を継いでいた淳和《じゅんな》天皇に、国内の僧尼《そうに》を管理統率する「僧綱大僧都《そうごうだいそうず》」の辞職を願い出ましたが、励ましの言葉をいただいただけで許されませんでした。

体調が少し回復した翌八三二年八月、ようやくある程度伽藍が整った高野山で、四恩《しおん》（父母《ぶも》・国王・衆生《しゅじょう》・三宝《さんぼう》）に感謝する万燈万華《まんどうまんげ》の法会《ほうえ》（万燈会《まんどうえ》）を行ないました。空海はこの法会《ほうえ》で、

「虚空《こくう》尽《つ》き、衆生《しゅじょう》尽き、涅槃《ねはん》尽きなば、我《わ》が願いも尽きなん」

という願文《がんもん》を残しています（180ページ参照）。

つまり、この世界の生きとし生けるものすべてが仏となり、涅槃（さとりの境地）を求めるものがいなくならないかぎり、私の願いも尽きないだろうという意味です。空海は、この頃から「入定《にゅうじょう》」の準備を始めたのでしょう。

真言宗では「空海は亡くなったのではなく、長い禅定《ぜんじょう》に入り、今なお生きている」という意味で「入定」といいます。禅定とは、瞑想《めいそう》して真理をさとり、仏のさとりの境地に至る修行です。つまり、空海は大日如来と一体となって私たちを永遠に見守っていてくれるということです。

万燈万華の法会での願文は、まさしく空海の入定宣言だったのです。

そして空海は、東寺を実恵《じちえ》に、神護寺（高雄山寺《たかおさんじ》を八二四年に改名、空海に下賜された）を真済《しんぜい》に、高野山を真然《しんぜん》に託し、自身は京と高野山を頻繁に行き来することをやめ、高野山で修禅生活を送るようになりました。

空海が高野山をおりた最後は八三五年一月でした。御所《ごしょ》に設置されたばかりの真言院で、天皇家の安泰と国家の平和を祈願する「後七日御修法《ごしちにちみしほ》」を行ないました。

宮中の公式行事として密教の修法が行なわれるのはこれが初めてのことでした。
最後の力を振り絞って修法を終えた空海は、すぐに高野山へ戻り入定を待ちます。穀物を摂《と》ることをやめて徐々に飲食物を断っていき、瞑想（禅定）の日々を過ごしました。

三月十五日、空海は弟子たちを集めて遺言を伝えます。それは真言宗の今後のことや、後世への戒めなどで二十五条にわたるものでした。そして「五十六億七千万年後にこの世に現れるという弥勒仏《みろくぶつ》とともに蘇《よみがえ》る」といい残し、自身が「三月二十一日の寅《とら》の刻（午前四時頃）に山に帰る」と決めたそのときに、手に胎蔵大日如来の印《いん》（法界定印《ほっかいじょういん》。99ページ参照）を結びながら入定しました。六十二歳でした。

空海の亡骸《なきがら》は入定から五十日目、奥之院《おくのいん》の霊場におさめられ、現在に至っていると伝わります。

国家の平和と人々の救済に生涯をかけた空海は、今もなお私たちの心の中で生きつづけているという「入定信仰」は、宗派を超えて多くの人々に受け入れられています。

3章

常識として知っておきたい！「真言宗の教え」

1 【世界観】「仏と人間は同じ世界に住んでいる」

真言宗の教えの最大の特徴は〝即身成仏《そくしんじょうぶつ》〟にあります。

空海は『大日経《だいにちきょう》』や『金剛頂経《こんごうちょうぎょう》』などを根拠に「私たちはこの世に生きている間に仏になれる」と説きました。それをくわしく解説したのが『即身成仏義《そくしんじょうぶつぎ》』です。そこでは真言密教の世界観を示し、大日如来と私たち人間がどんな関係にあるのかを明らかにしています。

『即身成仏義』の中にある空海の教えを最も端的に表した漢詩を紹介しましょう。言葉の意味はわからなくても、まずはイメージだけ感じてください。

「六大無碍《ろくだいむげ》にして常に瑜伽《ゆが》なり　四種曼荼《ししゅまんだ》おのおの離れず
三密加持《さんみつかじ》すれば速疾《そくしつ》に顕《あら》わる　重々帝網《たいもう》なるを即身となづく
法然《ほうねん》に薩般若《さはんにゃ》を具足《ぐそく》して　心数心王刹塵《しんじゅしんのうせつじん》に過ぎたり

おのおの五智無際智《ごちむさいち》を具《ぐ》す　円鏡力《えんきょうりき》の故《ゆえ》に実覚智《じつかくち》なり」

この大意は、次のとおりです。

「宇宙の本質は六大（地《ち》・水《すい》・火《か》・風《ふう》・空《くう》・識《しき》の六要素）であり、それらは永遠に結びついて溶け合っている。宇宙の姿は四種類の曼荼羅《まんだら》で表すことができ、それらは別々なものではなく作用し合っている。仏様（大日如来）と私たち人間の三密（身《しん》・口《く》・意《い》）が不思議な力によって均衡がとれたとき、速やかにさとりの世界が現れる。この宇宙のあらゆるものが幾重《いくえ》にも重なり合うことを〝即身〟というのである。私たちはすべて、あるがままの仏の姿をしてさとりの智恵をそなえている。また、私たちはすべて、心の主体と作用がそなわっている。その心の主体と作用には、大日如来《だいにちにょらい》の五つの智恵、つまり無限の智恵がある。その智恵をもってすべてを鏡のように照らすとき、真理に目覚めた仏となる」

真言密教では、この宇宙の実体は「体《たい》・相《そう》・用《ゆう》」から成り立っているものと考えます。それぞれ「体＝本質」「相＝姿・形」「用＝働き・活動」となります。それらの相関関係は90・91・93ページのようになります。

——空海が説く「六大」「四曼」とは？

相（姿・形） ＝ 私たちの目に見えている現実世界は曼荼羅である

たとえば、慈悲の心を表すと——

四曼

大曼荼羅《だいまんだら》

（仏の姿で表すと…）

観音菩薩の姿となる

三昧耶曼荼羅《さんまやまんだら》

（シンボルで表すと…）

清らかな蓮華となる

法曼荼羅《ほうまんだら》

（サインで表すと…）

（サ）

梵字や印となる

羯磨曼荼羅《かつままんだら》

（働きで表すと…）

姿・形は常に変化している

真言密教の世界観

体（本質） ＝ 宇宙は6つの要素で成り立っている

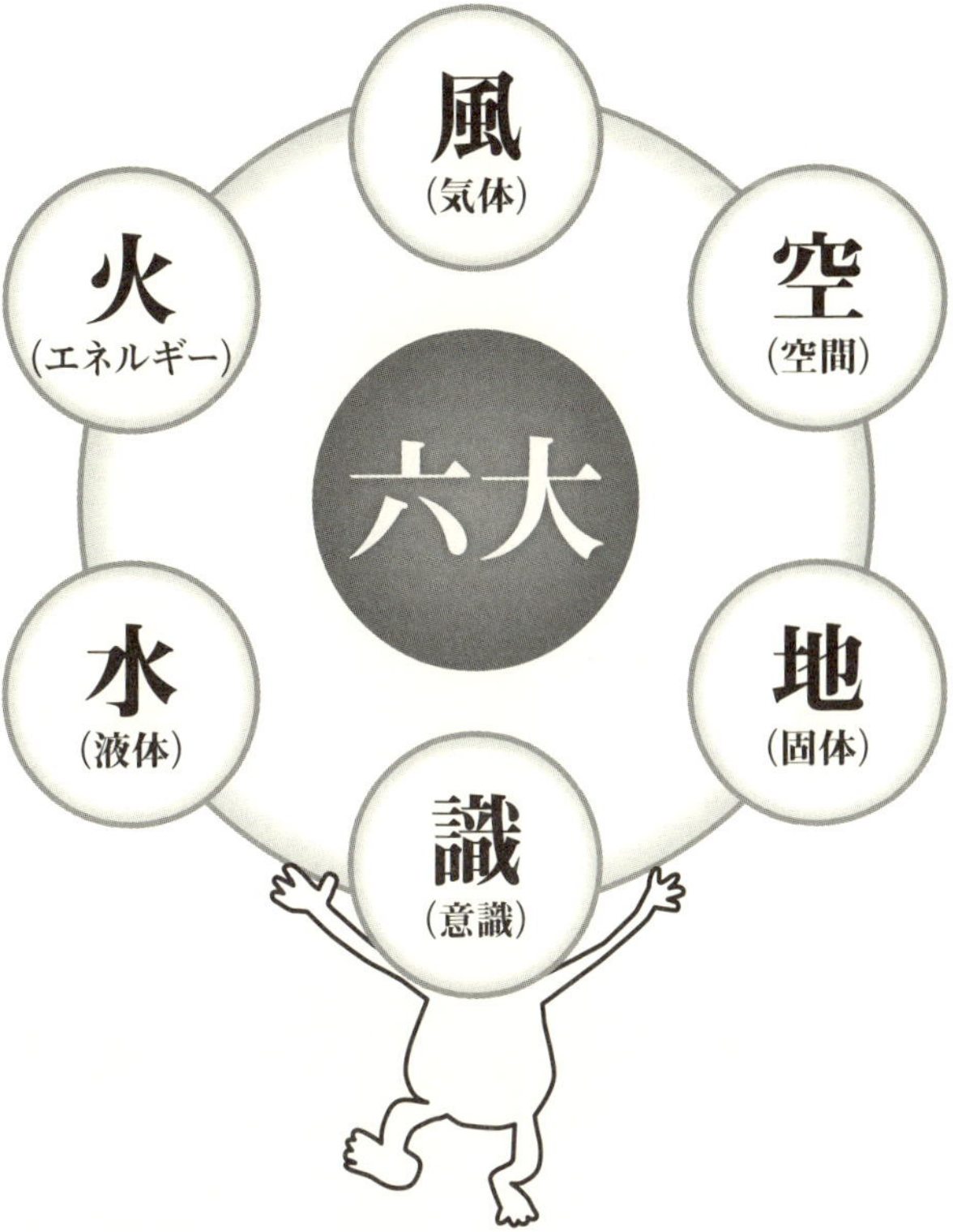

2 【三密加持】身・口・意――「仏様と一体で生きよう」

仏教では、私たち人間の日常生活は、身体（身）・言葉（口）・心（意）の三つの働きから成り立っていると考えます。それこそが煩悩《ぼんのう》の元であり、身業《しんごう》・口業《くごう》・意《い》業《ごう》の「三業《さんごう》」といいます。

一方で、煩悩から解放された仏のさとりの世界では、身・口・意を尊い働きと考え、「三密」と呼びます。なぜなら、人間も仏（大日如来）と同じであると考えるからであり、それは人間の思考でははかりしれないすべてをつつみ込んでいるものだからです。手に印《いん》を結び、口に真言をとなえ、心に仏を念じるという修行によって、本来持っている仏性《ぶっしょう》に気づくのです。

三密加持とは「私たち人間の三業と仏の三密が一体化することで〝即身成仏〟に至る」ということです。

三密加持とは何か？

用（働き・活動） ＝ 私たちの日常活動は身体・言葉・意識が基本

三業《さんごう》とは？　　三密《さんみつ》とは？

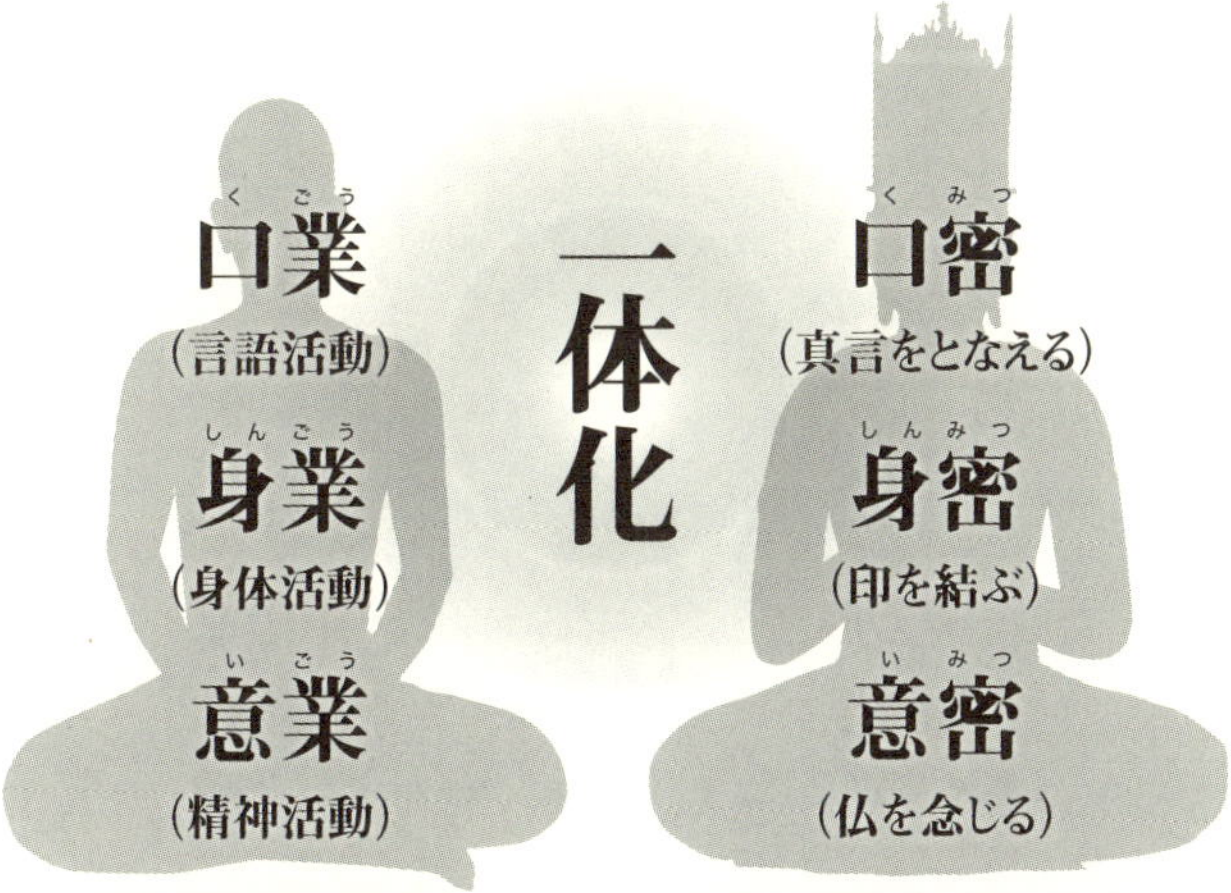

煩悩の世界　　**仏のさとりの世界**

三業と三密を一体化させることで
即身成仏を目指す！

3 【真言・陀羅尼】守り本尊の「ご加護」をいただく言葉

空海は、三密のなかで大日如来が発した言葉である「口密《くみつ》」、いわゆる〝真言《しんごん》〟をとなえることが最も大切であるといっています。

真言とは仏・菩薩などの本誓《ほんぜい》（人々を救済するための誓願《せいがん》）を示す絶対の言葉で、短いものを「真言」といい、やや長いものは「陀羅尼《だらに》」と呼ばれます。

これらは言葉そのものに霊力が宿っている呪文《じゅもん》のようなものです。その内容は、仏様への帰依《きえ》の表明、仏様の功徳《くどく》をたたえる言葉、仏様の教えの一説などです。梵《ぼん》語《ご》（古代インドのサンスクリット語）を訳さず原語のままとなえるので意味はわかりませんが、だからこそ仏様と一体となることができると考えられています。

次ページは、生まれ年の干支《えと》による守《まも》り本尊《ほんぞん》です。自身の守り本尊の真言をとなえることで加護がいただけるといわれています。

守り本尊の真言をとなえよう

守り本尊は、中国の易学から誕生した十二支と仏教が結びついて信仰されるようになったもの。そのため、易学の八方位から八本尊に分けられている。

子年生まれ　千手観音菩薩

真言

オン　バザラ
タラマ
キリク　ソワカ

【意味】大いなる働きで救いたまえ

丑年・寅年生まれ　虚空蔵菩薩

真言

オン　バザラ
アラタンノウ
オン　タラク
ソワカ

【意味】尽きることない智恵を与えたまえ

守り本尊の真言をとなえよう

卯年生まれ　文殊菩薩

真言

オン
アラハシャ
ノウ

【意味】真実の智恵に至らせたまえ

辰年・巳年生まれ　普賢菩薩

真言

オン
サンマヤ
サトバン

【意味】普遍の真理に導きたまえ

午年生まれ　勢至菩薩

真言

オン
サンザンザン
サク ソワカ

【意味】大いなるさとりに至らせたまえ

守り本尊の真言をとなえよう

未年・申年生まれ　大日如来

真言

オン
バザラ ダド
バン（金剛界）

【意味】宇宙の根本仏よ、守りたまえ

酉年生まれ　不動明王

真言

ノウマク
サンマンダ
バザラ ダン
カン

【意味】大いなる働きで救いたまえ

戌年・亥年生まれ　阿弥陀如来

真言

オン アミリタ
テイセイ
カラ ウン

【意味】安らぎの世界へ救いたまえ

4 【印】手と手を合わせれば「さとりの力」となる

仏像の手に注目してください。手の指を組み合わせたり、手のひらを重ね合わせたりしています。それが〝印《いん》〟(印契《いんげい》・印相《いんそう》)です。それぞれの仏様のさとりや功徳の内容を表しているので数多くの種類があります。

印は三密のなかの「身密《しんみつ》」であり、手の指を組み合わせることを「印を結ぶ」といいます。密教では、僧侶が修行や修法《しゅほう》を行なうときにその仏様の印を結ぶことで、仏様と一体となることができ、さとりの力をいただけると考えられています。

密教では「印呪《いんじゅ》」ともいい、仏様の力を受け入れる準備のできていない一般の人がみだりに印を結ぶことは危険だといわれています。そのため僧侶は袈裟《けさ》や法衣《ほうえ》で覆って見えないように印を結んでいます。

ここでは、一般の人にもできる坐禅や合掌《がっしょう》のときの印を紹介しましょう。

右手は仏の象徴、左手は自分自身

堅実心合掌《けんじつしんがっしょう》

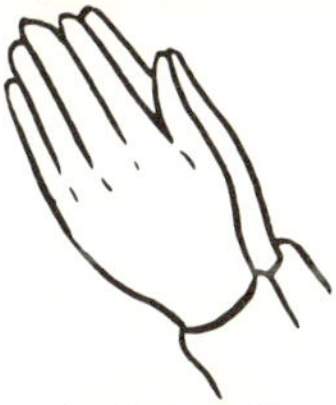

一般的な合掌

両手と指をぴったり
合わせる

蓮華合掌《れんげがっしょう》

蓮華のつぼみを表す

手のひらの間に少し
空間をつくる

金剛合掌《こんごうがっしょう》

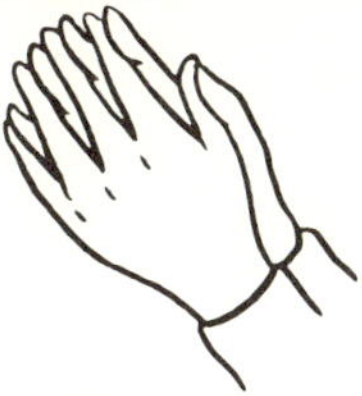

固い菩提心を表す

右手の指を上にして
交互に指を組み合わせる

法界定印《ほっかいじょういん》

心の安定を表す

左手の上に右手を重ね、
親指の先を合わせる

**両手を合わせることによって
仏と一体となる**

5 【大日経】「慈悲の心で生きる」ことが大切なのです

真言宗の両部の大経《だいきょう》のひとつである『大日経《だいにちきょう》』は、七世紀のはじめにインドで成立したお経です。正式名は『大毘盧遮那成仏神変加持経《だいびるしゃなじょうぶつじんぺんかじきょう》』といいます。

『大日経』が成立する以前の密教は雑部《ぞうぶ》密教（雑密《ぞうみつ》）といい、古代インドの民族宗教であるバラモン教や民間信仰の呪術的な儀礼や瞑想《めいそう》法を仏教に取り入れただけで体系化されていませんでした。それを仏教思想に照らし合わせ、成仏のための修行法として初めて体系化したのが『大日経』です。

『大日経』は、インド僧の善無畏《ぜんむい》（密教伝持《でんじ》の第五祖）が中国に伝え、七二四年に漢訳しました（36～37ページ参照）。日本にもすぐに伝わり、七三〇年には写経されたという記録があります。

しかし、漢訳された『大日経』には梵字《ぼんじ》（古代インドのサンスクリット文字）が多用されていたので、当時の日本仏教界には理解できる人がいませんでした。そのまま経蔵で眠っていた『大日経』を約六十年後に見出したのが空海だったのです。『大日経』の内容は、全七巻のうち第一巻が「仏の智恵である〝さとり〟とは何か」について語られる理論編で、第二巻以降が〝即身成仏〟のための方法が説かれた実践編です。第一巻では、菩薩の代表である金剛薩埵《こんごうさった》（密教付法《ふほう》の第二祖）の質問に大日如来が答える形式をとっています。そして大日如来は、慈悲の心を根本《こんぽん》として生きることが最も大切であるということを、次のように述べています。

「菩提心《ぼだいしん》を因《いん》となし、大悲《だいひ》を根《こん》となし、方便《ほうべん》を究竟《くきょう》となす」

この意味は「仏の智恵を得ようとするのは、菩提心（さとりを求める気持ち）が原因である。その原因が種となって、慈悲心（人を救いたいと願う気持ち）という根が育つ。やがてそれは実際の行為となって実を結ぶ。これが日常生活そのものになったとき、〝即身成仏〟が完成したといえる」となります。

次ページで紹介する胎蔵曼荼羅《たいぞうまんだら》は、『大日経』が教える慈悲の心を図で表現したものです。

――大日如来の慈悲の心を図で表すと？

【胎蔵五智如来】

大日如来
1 宝幢如来《ほうどうにょらい》……発心の仏　あ 普賢菩薩《ふげんぼさつ》
2 開敷華王如来《かいふけおうにょらい》……修行の仏　い 文殊菩薩《もんじゅぼさつ》
3 無量寿如来《むりょうじゅにょらい》（阿弥陀仏）……菩提の仏　う 観音菩薩《かんのんぼさつ》
4 天鼓雷音如来《てんくらいおんにょらい》……涅槃の仏　え 弥勒菩薩《みろくぼさつ》

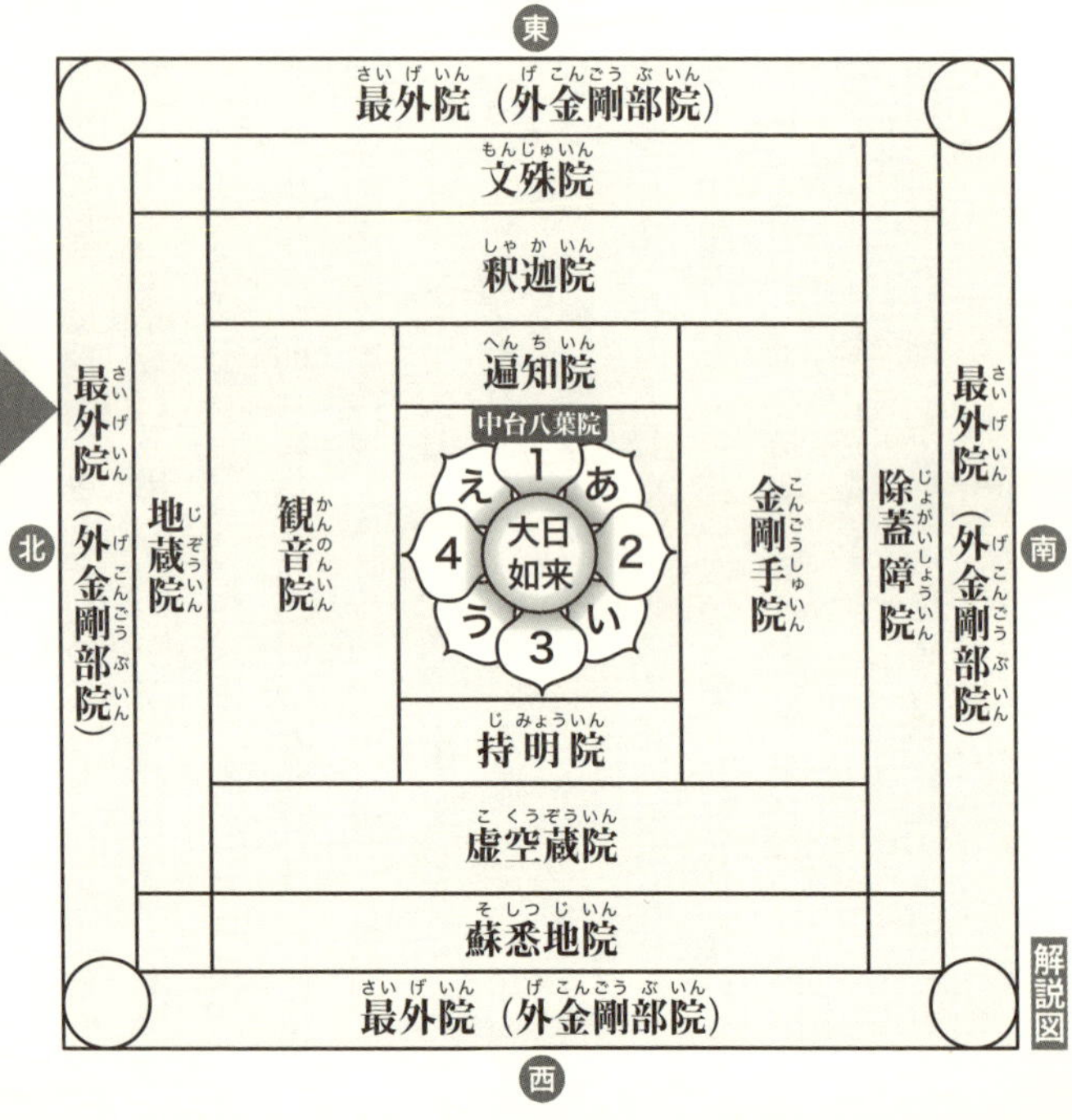

解説図

胎蔵曼荼羅

大日如来の力が八方へ伝わり、諸仏諸尊の働きに具現化されていることを描いている。

実物

正式には「大《だい》悲《ひ》胎蔵《たいぞう》生《しょう》曼《まん》荼《だ》羅《ら》」という

（東京都練馬区・観蔵院蔵 ©染川英輔画）

6

【金剛頂経】

「さとりに至る」五つの瞑想法

真言宗の両部の大経のもうひとつ、『金剛頂経《こんごうちょうぎょう》』は七世紀半ばにインドで成立しました。正式名は『金剛頂一切如来真実摂大乗現証大教王経《こんごうちょういっさいにょらいしんじつしょうだいじょうげんしょうだいきょうおうきょう》』といいます。

金剛智《こんごうち》（密教伝持の第三祖）がインドから中国へ伝え、その弟子の不空《ふくう》（密教伝持の第四祖）が七四六年に漢訳したと伝わります（36～37ページ参照）。『金剛頂経』を日本に伝えたのは空海です。

『大日経』が仏の慈悲の世界（胎蔵）を明らかにしているのに対し、『金剛頂経』は仏の智恵の世界（金剛界）を明らかにしています。

『金剛頂経』では、一切如来《いっさいにょらい》（大日如来）を意味する一切義成就菩薩《いっさいぎじょうじゅぼさつ》（お釈迦《しゃか》様の修行時代を意味する）の質問に対して、自らのさとりの内容を明かし、そのさとりに至るための実践方法を答える形式をとっています。

その実践方法の中心となるのが「五相成身観《ごそうじょうしんがん》」です。五相成身観とは、五段階に分かれた観想法《かんそうほう》（真の姿をとらえるための瞑想法《めいそう》）で、自分の心は本来清浄《しょうじょう》であることを思い起こし、それは仏の智恵であることにほかならないと段階を踏んでさとっていく方法です。その五段階は、次のようになります。

一、通達菩提心《つうだつぼだいしん》……自身には仏と変わらぬ心（仏性《ぶっしょう》）がそなわっていると観じる。
二、修菩提心《しゅうぼだいしん》……自身の心は本来清浄であるが、煩悩に覆われていると観じる。
三、成金剛心《じょうこんごうしん》……さとりを求める心が堅固になったことを観じる。
四、証金剛身《しょうこんごうしん》……自身の心が仏様の心と一体となることを観じる。
五、仏身円満《ぶっしんえんまん》……仏様と一体となった自身を確認し、さとりに至ることを観じる。

具体的には、月輪《がちりん》（満月＝清浄で完全な姿）や金剛杵《こんごうしょ》（堅固なイメージ）を思い浮かべ、段階を踏んで仏の智恵を発見していきます。

次ページの金剛界曼荼羅《こんごうかいまんだら》は、『金剛頂経』が教える仏の智恵を図で表現したものです。胎蔵曼荼羅と金剛界曼荼羅の二つがそろって、仏の慈悲と智恵とが合一したことになります。

——大日如来の智恵を図で表すと？

【金剛界五智如来】

大日如来

A 阿閦如来《あしゅくにょらい》……迷いに打ち勝つ強い心を授ける仏

B 宝生如来《ほうしょうにょらい》……財宝を生み出し人々に福徳を授ける仏

C 阿弥陀如来《あみだにょらい》……迷いの世界の生きとし生けるものを救う仏

D 不空成就如来《ふくうじょうじゅにょらい》……すべてを成就させるための力を授ける仏

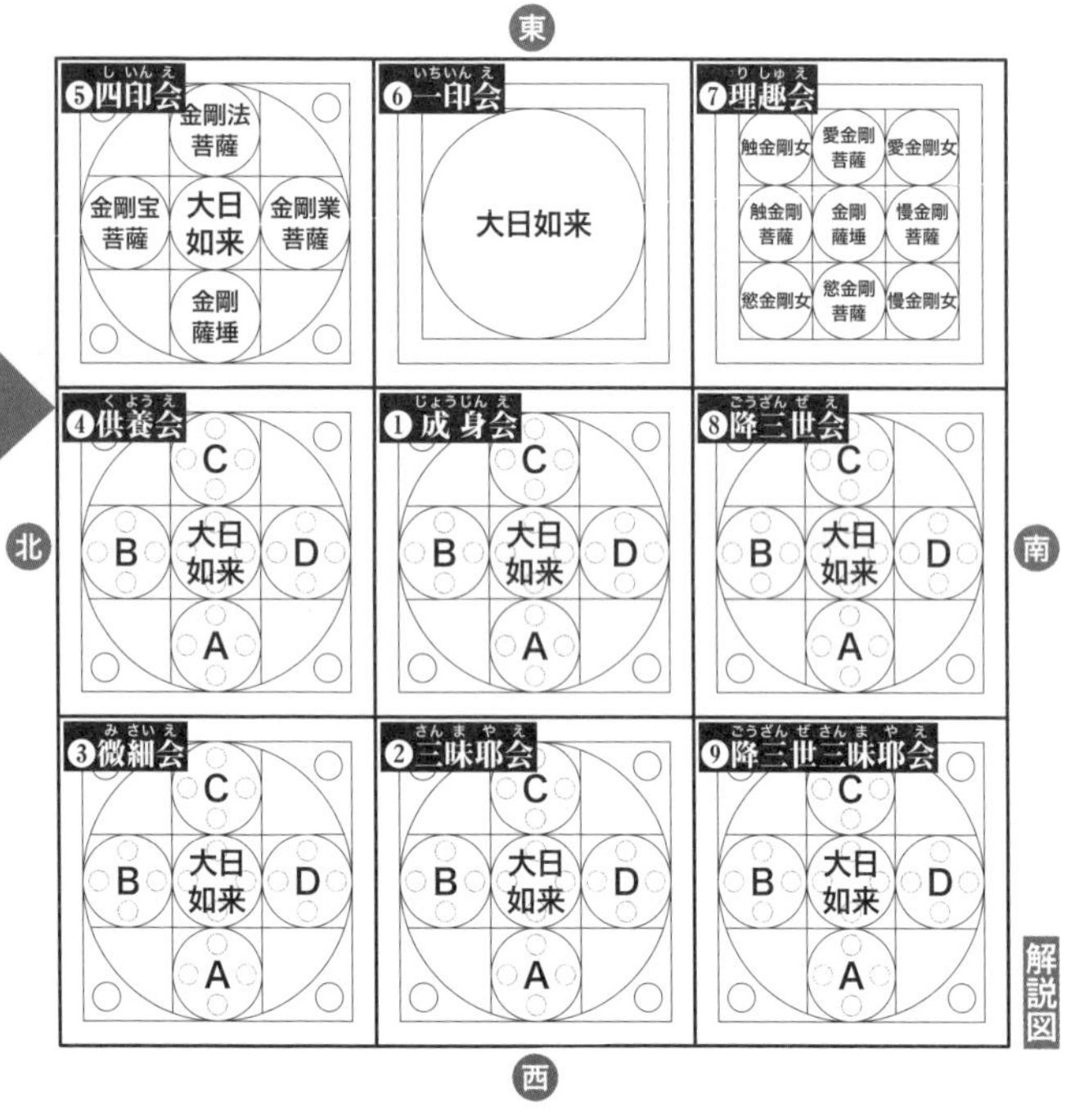

解説図

金剛界曼荼羅

大日如来が人々を救う過程（向下門《こうげもん》・①→⑨）を示している。逆にたどれば、人々がさとりに至る過程（向上門《こうじょうもん》・⑨→①）となる。

「九会曼荼羅《くえまんだら》」とも呼ばれる
（東京都練馬区・観蔵院蔵 ©染川英輔画）

7 【理趣経】男女の愛欲も「清浄なる菩薩の境地である」

真言宗のおつとめや法要に欠かすことのできないお経は『理趣経《りしゅきょう》』です。『理趣経』の正式名は『大楽金剛不空真実三摩耶経般若波羅蜜多理趣品《たいらきんこうふこうしんじさんまやけいはんにゃはらみたりしゅぼん》』といいます。「〝大いなる楽は金剛のごとく不変で空《むな》しからず真実である〟という仏のさとりの境地を説くお経」という意味で『般若理趣経《はんにゃりしゅきょう》』と略称されることもあります。

真言宗の檀信徒は聞き慣れている『理趣経』ですが、その内容についてはあまり知られていません。その理由は二つあります。

一つは、一般的にお経は呉音《ごおん》（中国語の古い発音）で読まれますが、このお経は漢音《かんおん》（遣唐使時代の発音）で読まれているからです。たとえば、『理趣経』の経題を漢音で読むと「たいら きんこう ふこう しんじ さんまや けいい」となり、日本人にはなじめません。

もう一つの理由は、欲望を肯定するような内容が、初心者に誤解を与えかねないということで、昔は一般の人には見せられない秘経とされていたからです。その内容とは、仏教では一般的に否定される愛欲を、最も清浄なるさとりの境地（菩薩がさとりを得た悦楽）として肯定しているからです。

『理趣経』は全十七段から成り立っており、その初段で「すべては清く美しいものである」という、さとりが説かれています。そこに「十七清浄句《じゅうななしょうじょうく》」としてあげられる〝本来、清浄なるもの〟をいくつか紹介しましょう。

●男女の交合《こうごう》の妙なる恍惚《こうこつ》は清浄なる菩薩の境地である
●異性への激しい欲望も清浄なる菩薩の境地である
●男女の触れ合いも清浄なる菩薩の境地である
●愛する異性とかたく抱き合うのも清浄なる菩薩の境地である
●愛する異性を我がものとした喜びも清浄なる菩薩の境地である
●自慢の心も清浄なる菩薩の境地である
●なすがままに身をまかせることも清浄なる菩薩の境地である

●満ち足りて心が輝くことも清浄なる菩薩の境地である
●身体の快楽も清浄なる菩薩の境地である
●目にする色のすべてが清浄なる菩薩の境地である
●耳にする音のすべてが清浄なる菩薩の境地である
●香りのすべてが清浄なる菩薩の境地である
●味わいのすべてが清浄なる菩薩の境地である

もちろん、『理趣経』は愛欲をすすめているわけではありません。煩悩の代表ともいえる愛欲の大きなエネルギーは、それだけ清浄であることを教えているのです。利他の慈悲心を持つ菩薩の願いは人々のために働くことであり、自分だけが安楽の境地に至りたいという利己心はありません。つまり、仏の目で見れば、欲望もまた清浄であると説いているのが『理趣経』なのです。

自分の損得にこだわらないで自分の楽しみ（小楽）を皆の大きな楽しみ（大楽）にし、自分の小さな怒りも皆のための大きな怒りにすることで、現実社会のなかに理想の社会（仏の世界）が実現されていくのです。

『理趣経』には何が書かれているの？

『理趣経』は、金剛界曼荼羅の「理趣会」（106ページ参照）を解説している。

8 【般若心経】 二百六十二文字にこめられた「空」の教え

『般若心経《はんにゃしんぎょう》』は、日本人にとって最もなじみが深いお経です。真言宗をはじめ、天台宗、曹洞宗、浄土宗など多くの宗派でとなえられます。また、四国遍路などの巡礼のときにとなえたり、写経のお手本としても用いられています。

『般若心経』の正式名は『仏説摩訶般若波羅蜜多心経《ぶっせつまかはんにゃはらみたしんぎょう》』といいます。このお経は、『西遊記《さいゆうき》』のモデルにもなった玄奘三蔵法師《げんじょうさんぞうほうし》がインドから持ち帰った全六百巻におよぶ『大般若経《だいはんにゃきょう》』の中から、そのエッセンスをわずか二百六十二文字にまとめたものです。「摩訶」とは偉大なこと、「般若」とは智恵、「波羅蜜多」とは彼岸に渡る（さとりを得る）という意味で、「すべての人をさとりに至らせる智恵を説いたお経」ということです。これは、「すべての人間の平等な救済を説いたのが仏様の真の教えである」とした大乗《だいじょう》仏教を宣言したお経ともいわれています。

内容は「色即是空《しきそくぜくう》　空即是色《くうそくぜしき》」という有名なフレーズでわかるように〝空《くう》〟の境地を説いています。〝空〟の境地とは「こだわらない心」のことです。何事にも執《しゅう》着《じゃく》しなければ、〝空〟の境地が開けると教えてくれます。大乗仏教が始まる以前の上座部《じょうざぶ》仏教（小乗《しょうじょう》仏教）は、自身の煩悩をなくすことにこだわっていました。それを『般若心経』では「煩悩があってもかまわない。煩悩に執着しなければ苦しみは取り除かれる」と説いたのです。

空海は、『般若心経』を密教的に解説した『般若心経秘鍵《はんにゃしんぎょうひけん》』という書物を著しています。このなかで空海は、『般若心経』は真言密教を代表するお経であると述べています。この短いお経のなかに仏教の教えのすべてが含まれており、さとりの内実を示す密教の教えそのものであるというわけです。

また、空海はこのお経の最後に「羯諦《ぎゃーてい》　羯諦《ぎゃーてい》　波羅羯諦《はーらーぎゃーてい》　波羅僧羯諦《はらそうぎゃーてい》　菩提薩《ぼーじーそ》婆訶《わかー》」という真言が入っていることに着目しています。つまり、『般若心経』はとなえるだけでも功徳がありますが、身・口・意の三密加持《かじ》（92ページ参照）に用いるべきであることを述べています。

——さとりの智恵を得るお経

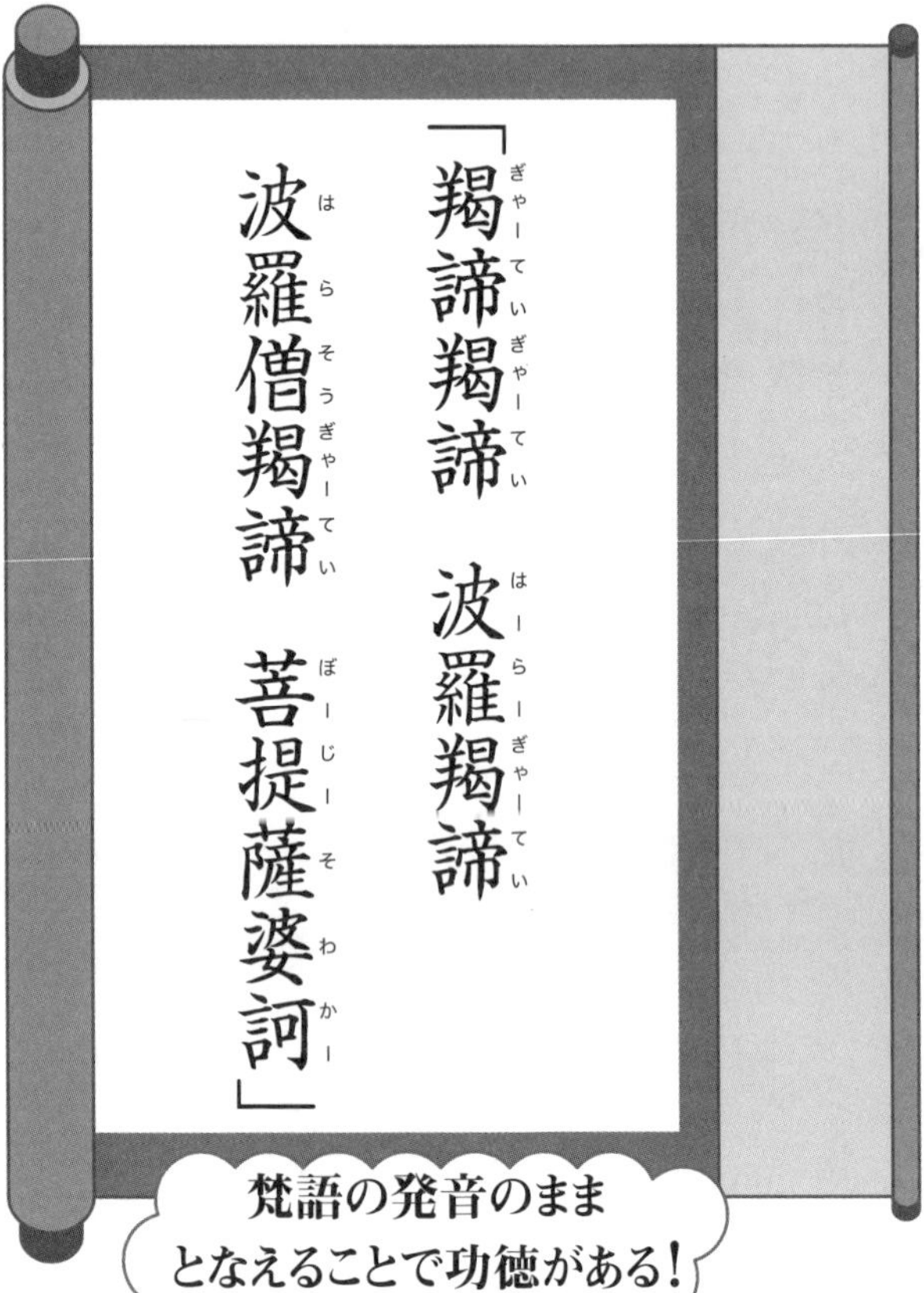

『般若心経』には何が書かれている？

さとりの智恵とは?

すべては“空《くう》”である。

実体のないもの

だからこそ、すべての苦しみや厄災から救われる。

色《しき》不《ふ》異《い》空《くう》
空《くう》不《ふ》異《い》色《しき》

意味は… 目に見えるものは見えないものと異ならず、見えないものも見えるものと異ならない。

色《しき》即《そく》是《ぜ》空《くう》
空《くう》即《そく》是《ぜ》色《しき》

意味は… 目に見えるといえども実体のないものである。実体がないといえども実在している。

9 【芸術】空海の「智恵」に学ぶ……文学、思想、辞書

空海はその生涯において膨大な著作を残しています。『即身成仏義《そくしんじょうぶつぎ》』（88ページ参照）に真言密教の教えを説いたものはもちろんですが、文学的に価値の高いものや辞書類など、後世に大きな影響を与えた作品も多数あります。

処女作は、二十四歳のときに著した信仰宣言書である『三教指帰《さんごうしいき》』です（63ページ参照）。また、文学的に評価が高いのは『性霊集《しょうりょうしゅう》』です。

思想面での代表作は『弁顕密二教論《べんけんみつにきょうろん》』と『秘密曼荼羅十住心論《ひみつまんだらじゅうじゅうしんろん》』（『十住心論』）です。『弁顕密二教論』は、顕教《けんぎょう》と密教との違いを明らかにし、密教こそ真実の教えであることを述べています。『十住心論』は宗教や仏教宗派の教えを曼荼羅《まんだら》的にとらえて、凡夫《ぼんぷ》が密教のさとりを得るまでの心の発達の段階を紹介しているところに特徴があります（118〜119ページ参照）。

空海の代表的な著作

◆密教関連

『即身成仏義《そくしんじょうぶつぎ》』〝即身成仏〟の思想を説く

『弁顕密二教論《べんけんみつにきょうろん》』顕教と密教を比較し、密教の優位性を説く

『声字実相義《しょうじじっそうぎ》』この世のすべてが大日如来の説法であると説く

『秘密曼荼羅十住心論《ひみつまんだらじゅうじゅうしんろん》』心の発達を十段階に分けて解説

『秘蔵宝鑰《ひぞうほうやく》』『秘密曼荼羅十住心論』の要約書

『吽字義《うんじぎ》』「吽《うん》」という梵字について詳細に解説

『般若心経秘鍵《はんにゃしんぎょうひけん》』『般若心経』を真言密教の視点から解説

『秘密曼荼羅付法伝《ひみつまんだらふほうでん》』真言密教の祖師たちの伝記

『三昧耶戒序《さんまやかいじょ》』真言密教の戒律について解説

など

◆その他

『三教指帰《さんごうしいき》』戯曲形式で書かれた信仰宣言書

『文鏡秘府論《ぶんきょうひふろん》』詩文の理論を述べた文芸評論

『篆隷万象名義《てんれいばんしょうめいぎ》』中国の辞典を編纂《へんさん》した日本初の辞典

『御請来目録《ごしょうらいもくろく》』唐から持ち帰った経典や法具などの目録

『性霊集《しょうりょうしゅう》』空海の詩文や手紙などを弟子の真済《しんぜい》がまとめた遺文集

など

——あなたはどの世界にいる？

第五住心

抜業因種心《ばつごういんじゅしん》

自己の問題に解決を見出した世界

小乗仏教（縁覚乗《えんがくじょう》）

第六住心

他縁大乗心《たえんだいじょうしん》

人々の苦悩に救済の心を起こす世界

法相宗

第七住心

覚心不生心《かくしんふしょうしん》

すべては“空”であることを知る世界

三論宗

第八住心

一道無為心《いちどうむいしん》

真理が唯一、平等なものであることを知る世界

天台宗

第九住心

極無自性心《ごくむじしょうしん》

自身に仏性《ぶっしょう》がそなわっていることを確信する世界

華厳宗《けごんしゅう》

仏の真理と一体になった究極の世界　**真言密教**

『十住心論』に見る空海の思想

人間の意識の深化を表している。それは宗教が発展してきた歴史であり、すべてが真言密教に直結している。

第一住心
異生羝羊心《いしょうていようしん》
宗教心も道徳心もない世界
煩悩の世界

第二住心
愚童持斎心《ぐどうじさいしん》
道徳心に目覚めた世界
儒教

第三住心
嬰童無畏心《ようどうむいしん》
宗教心に目覚めた世界
仏教以外の信仰

第四住心
唯蘊無我心《ゆいうんむがしん》
自己のさとりを求めて出家した世界
小乗仏教（声聞乗《しょうもんじょう》）

第十住心　秘密荘厳心《ひみつしょうごんしん》

10 【阿字観】心の中に「大きな満月を浮かべてみよう」

真言密教の教えは、この世に生きている間に仏になる〝即身成仏〟に尽きます。そのための修行として三密加持（92ページ参照）があるのですが、それは出家者が行なうものであり、一般の人々には不可能です。

ここで紹介する「阿《あ》字《じ》観《かん》」は、一般の人ができる数少ない真言密教の実践法のひとつです。

阿字観とは、梵字の𑖀（ア）という文字（阿字）を見ながら、心の中で大日如来と一体となる坐禅瞑想《めいそう》法です。

阿字とは、梵字五十文字の最初の文字で、真言密教では宇宙の根源の象徴とされています。つまり、阿字を大日如来と見なします。

阿字は「不《ふ》生《しょう》不《ふ》滅《めつ》」という意味でもあります。

「つくられたものは壊れ、生まれたものは死ぬ。しかし、生じる以前のものは壊れることも死ぬこともない。私たちの命も生まれて死ぬというものではなく、もともと全宇宙の命は一つであり、大日如来と私たちの命も一つである」

阿字観の目的は、この本来の命を観じ、心の安定をはかることにあります。

具体的には、阿字観の掛軸《かけじく》の前で坐禅のように坐《すわ》り、阿字観の手順に従って瞑想します。阿字観は一般の人ができる実践法ですが、大日如来と一体となるのは簡単ではありません。難易度の低い観想法《かんそう》（瞑想法）から始めて、阿字観までレベルを上げていくのがよいとされています。

最初は、呼吸を整えて心を落ち着かせる「数息観《すそくかん》」という観想法を行ないます。それから次の段階の「月輪観《がちりんかん》」へ進みます。月輪とは満月のことで、欠けることなく清らかで明るく輝いている人の心を満月にたとえています。月輪観ができるようになったら、いよいよ「阿字観」となります。

次ページに阿字観の実践法を紹介しますが、家庭で行なうのは数息観程度にして、それ以上のレベルは指導者のいるお寺などで体験してから行なうのがよいでしょう。

④ 阿字観《あじかん》

阿字は宇宙の根源である。
阿字を見つめ、ア〜と声を出して
広大な宇宙の象徴である大日如来
と一つになる感じを味わう。

⑤ 出定《しゅつじょう》

大日如来との一体感を解き、数回ゆっ
くり呼吸をして瞑想の状態から通常に
戻る。最初と同じく、合掌し三礼する。

「阿字観」――大日如来と一体となる法

① 準備

阿字が書かれた掛軸を用意する。1メートルほど離れて坐り、合掌し三礼する。
あぐらを組んで右足を上にした半跏趺坐か、正座をし、手は法界定印(99ページ参照)に。

② 数息観《すそくかん》

1から10までかぞえながら口から息を吐き、10から1までかぞえながら鼻から吸い込む。こうして心を落ち着けていく。

③ 月輪観《がちりんかん》

丸い輪郭を見つめ、心の中に満月を思い浮かべる。満月が見えるようになったら大きくしていき、満月につつみ込まれている感じを味わう。

11 【真言密教の諸尊】仏尊――「大日如来がいつも守ってくれる」

真言宗では、真理そのものである大日如来（24ページ参照）を根本本尊《こんぽんほんぞん》としていますが、さまざまな仏尊が崇拝されています。それらはすべて、大日如来の化身として現世《げんぜ》に現れると考えられているからです。

仏尊は「如来《にょらい》」「菩薩《ぼさつ》」「明王《みょうおう》」「天《てん》」の四種類に分類できます。如来は、さとりを開いた者。菩薩は、さとりを求めて修行するとともに、この世で苦悩する人がひとり残らずいなくなるまで如来にならないと誓う者。明王は、大日如来から人々の教化《きょうけ》、救済の命《めい》を受けた者。天は、仏法を守護する古代インドの神。

真言宗では、それぞれの仏様を種子《しゅじ》（梵字）で表すこともあります。また、祈願する仏様の真言をとなえると、現世利益《げんぜりやく》に授かれるといわれています。

真言宗寺院で親しまれている代表的な仏尊を紹介します。

真言宗のありがたい仏様

【金剛界五智如来】

阿弥陀如来《あみだにょらい》
限りない智恵の光と寿命を持ち、人々を救いつづける西方極楽浄土の教主。

宝生如来《ほうしょうにょらい》
すべてを平等に見る智恵を持ち、財宝を生み出して人々に福徳を授ける。

大日如来《だいにちにょらい》
密教の根本本尊。金剛界大日如来は「智拳印《ちけんいん》」を組んでいる。

不空成就如来《ふくうじょうじゅにょらい》
「不空」は充実の意味。人々になすべきことを成就させる智恵を授ける。

阿閦如来《あしゅくにょらい》
すべてをありのままに映し出す智恵を持ち、人々に物事に動じない強い心を授ける。

真言宗のありがたい仏様

弥勒菩薩《みろくぼさつ》

お釈迦様の入滅から56億7千万年後に仏となって現れるといわれている。

歓喜天《かんぎてん》（聖天《しょうでん》）

仏道修行者を誘惑する魔物だったが、仏法を守護する諸願成就の神となった。

孔雀明王《くじゃくみょうおう》

インドで孔雀は恵みの雨を呼ぶ吉鳥とされ、祈雨《きう》の修法の本尊となった。

4章

「真言宗の歴史」があっという間にわかる!

1

【十大弟子】

空海の教えを受け継いだ十人

空海が八〇六年に唐《とう》から帰国後、わずか数年のうちに仏教界のスターに躍りでたのは、二つの出来事が世間を驚かせたからです。一つは八一〇年に嵯峨《さが》天皇の帰依《きえ》を得て鎮護《ちんご》国家の修法《しゅほう》を行なったこと、もう一つは八一二年に最澄《さいちょう》に対して結縁灌頂《けちえんかんじょう》を授けたことです。

誰もが認める日本屈指の高僧・最澄を弟子にしたのですから、空海の名は全国を駆けめぐりました。空海のもとには、密教を学ぼうとする若者たちはもちろん、既成仏教の僧たちまで多くの人々が集まりました。彼ら門弟たちは、東寺《とうじ》（教王護国《きょうおうごこく》寺）や高野山金剛峯寺《こうやさんこんごうぶじ》で空海と行動をともにし、真言宗は大きく発展します。

空海没後、門弟たちのなかでもとくに「十大弟子」と呼ばれる優秀な十人の直弟《じきで》子《し》たちが活躍、さらにその弟子たちのなかからも名僧が数多く輩出されました。一方で、真言宗は時代とともに多くの門派に分かれていきます。

空海の教えを受け継いだ十大弟子ですが、それは後世の人がお釈迦《しゃか》様の十大弟子になぞらえて「空海の十大弟子」と呼ぶようになったものです。

十大弟子は大きく二つのグループに分けることができます。一つは空海の弟子になる前に別の師のもとで得度《とくど》していた僧侶、もう一つは空海のもとで得度した僧侶です。いわゆる「移籍組」と「生え抜き組」です。

移籍組には、実恵《じちえ》、道雄《どうゆう》、杲隣《ごうりん》、円明《えんみょう》、泰範《たいはん》、忠延《ちゅうえん》がいます。生え抜き組は、智泉《ちせん》、真雅《しんが》、真済《しんぜい》、真如《しんにょ》です。空海のもとで得度した弟子は、智泉以外は法名に「真」の字がついています。智泉（七八九〜八二五年）は空海の甥《おい》で、空海の入唐《にっとう》に従い、高雄山寺《たかおさんじ》（のちの神護寺《じんごじ》）に入った初期の弟子です。

そのなかで第一の高弟といわれるのは、空海の後を継いで東寺長者《ちょうじゃ》（長官）となった実恵（?〜八四七年）です。彼は讃岐国《さぬきのくに》の佐伯《さえき》氏の出身で空海と同族とされます。東大寺で得度し、高雄山寺に空海を訪ねて弟子になりました。

実恵の後に東寺長者となったのは真済（八〇〇〜八六〇年）です。彼は十五歳で空海のもとで出家、才能を見込まれて二十五歳の若さで伝法灌頂《でんぽうかんじょう》を授かりました。空海から神護寺を託され、運営に尽力。また『性霊集《しょうりょうしゅう》』の編集を行ないました。

真済の後に東寺長者を継いだのは、空海の実弟の真雅（八〇一〜八七九年）です。彼は清和《せいわ》天皇や有力貴族の藤原氏から厚い信任を得て、東大寺の別当職《べっとうしょく》（長官）にも就いています。

泰範（七七八〜?）は、最澄の弟子から空海の弟子になった変わり種です。最澄のおともをして高雄山寺で空海から結縁灌頂を受け、そのまま比叡山《ひえいざん》には戻らず、空海の弟子になりました。そして、高野山の開創に尽力します。

十大弟子ではありませんが、空海が亡くなる直前に高野山を託したと伝わるのは、空海の甥の真然《しんぜん》（八〇四〜八九一年）です。彼は幼くして空海の弟子となり、のちに真雅から伝法灌頂を受けました。空海の入定《にゅうじょう》後（没後）しばらくすると都から離れた高野山は荒廃しつつありましたが、真然の尽力によって整備されました。

このように空海は、のちの真言宗を縁戚関係にある弟子たちを中心に託し、彼らは期待に応えたのです。

空海の十大弟子

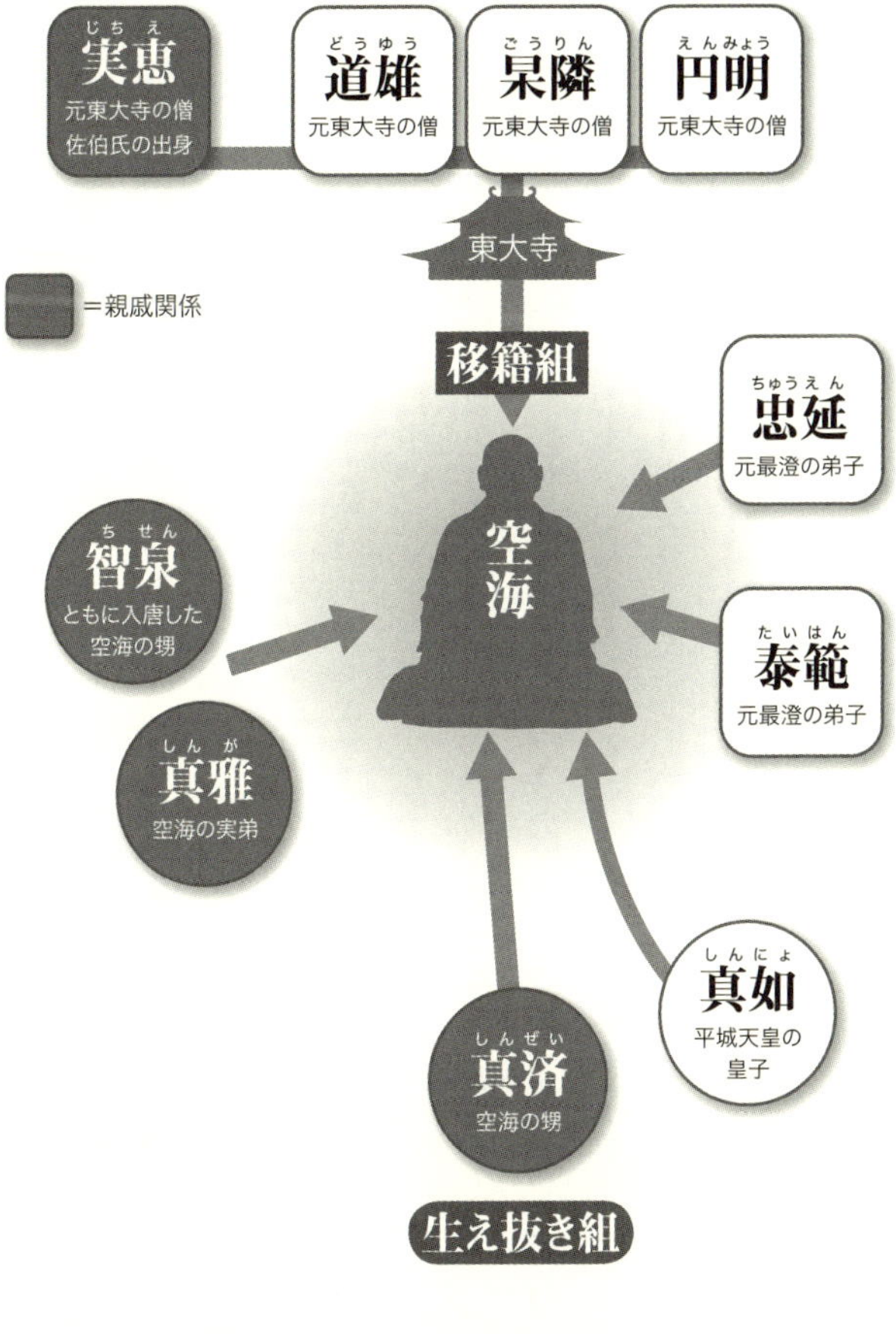
実恵《じちえ》
元東大寺の僧
佐伯氏の出身
道雄《どうゆう》
元東大寺の僧
杲隣《ごうりん》
元東大寺の僧
円明《えんみょう》
元東大寺の僧
東大寺
＝親戚関係
移籍組
忠延《ちゅうえん》
元最澄の弟子
空海
智泉《ちせん》
ともに入唐した
空海の甥
泰範《たいはん》
元最澄の弟子
真雅《しんが》
空海の実弟
真如《しんにょ》
平城天皇の
皇子
真済《しんぜい》
空海の甥
生え抜き組

2 【分派】小野流と広沢流——真言宗はなぜ分派したか？

実恵《じちえ》が受け継いだ東寺と真然《しんぜん》が受け継いだ高野山金剛峯寺ですが、都に近く皇族や貴族たちの支援を受けやすい東寺が時とともに勢力を増してきます。そして、支援者獲得をめぐって東寺と高野山が対立するようになっていきました。

また、支援者たちの真言密教の祈祷《きとう》への関心は、鎮護《ちんご》国家から、病気や不幸を退散させるという個人的な願いへ変化していました。そのため、皇族や貴族たちは自身が開基となり、真言宗の高僧を開山和尚《わじょう》として勅願寺や護願寺を建てるようになります。それが真言宗の分派につながっていきます。

分派の源になったのは、空海の曾孫《そうそん》弟子にあたる聖宝《しょうぼう》（八三二～九〇九年）と益信《やくしん》（八二七～九〇六年）です。二人は、実恵と真雅《しんが》（空海の実弟）に学んだ源仁《げんにん》から伝法灌頂《でんぼうかんじょう》を受けた、いわゆる兄弟弟子です。

聖宝は、東大寺別当《べっとう》を務めていた真雅のもとで出家。東大寺で三論宗《さんろんしゅう》、法相宗《ほっそうしゅう》、華厳宗《けごんしゅう》をそれぞれ修めました。それから各地で山岳修行をしたのちに八七四年、洛《らく》東《とう》の醍醐《だいご》山上に醍醐寺を創建します。源仁から伝法灌頂を受けたのは八八四年でした。聖宝は、醍醐・朱雀《すざく》・村上《むらかみ》の三天皇から帰依《きえ》を受け、醍醐寺はその勅願寺として栄えました。また聖宝は山岳修行を積んだことから「当山派修験道《とうざんはしゅげんどう》の祖」とも呼ばれます（139ページ参照）。

聖宝は弟子の育成にも心血を注ぎ、その教えは観賢《かんげん》、仁海《にんがい》、成尊《せいぞん》へと引き継がれます。観賢は、東寺長者、高野山金剛峯寺座主《ざす》（法主《ほっしゅ》）、醍醐寺座主と三山のトップを兼任した唯一の僧です。

また観賢は、空海が醍醐天皇から「弘法大師」の諡号《しごう》を賜ったときに尽力しています。仁海（九五一～一〇四六年）が洛西《らくせい》の小野に曼荼羅寺《まんだらじ》（現在の随心院《ずいしんいん》）を創建したことから、聖宝の門流を「小野流」と呼んでいます。仁海は朝廷の命《めい》により祈《き》雨《う》の祈祷を九回も行ない、そのたびに雨が降ったので「雨僧正《あめそうじょう》」と呼ばれました。

益信は、奈良の薬師寺《やくしじ》などで学んだのちに真雅に師事。しかし真雅が没したため、実恵の弟子の宗叡《しゅうえい》に師事するが、宗叡も没します。それから源仁に学び、八八七年に伝法灌頂を受けました。

益信は宇多《うだ》天皇の帰依《きえ》を受け、天皇が出家して寛平法皇《かんぴょうほうおう》となって仁和寺《にんなじ》を開いたときには伝法灌頂を授け、仁和寺は宗門初の門跡《もんぜき》寺院となりました。その系譜は宇多天皇の子・寛空《かんくう》、孫・寛朝《かんちょう》へと続きます。寛朝が嵯峨の広沢に遍照寺《へんじょうじ》を創建したことから益信の門流を「広沢流」と呼んでいます。広沢流は寛朝の後も、皇族出身の僧たちに引き継がれ、皇族や貴族の間で信仰を集めました。

そして広沢流は、寛助《かんじょ》（一〇五七〜一一二五年）が登場し、最盛期を迎えます。寛助は性信から伝法灌頂を受けました。白河法皇《しらかわほうおう》の信任が厚く、遍照寺別当、仁和寺別当、東寺長者などを歴任し、僧の官位で最高位である大僧正《だいそうじょう》となりました。

その後、小野流と広沢流はそれぞれ六派に分派し、「野沢《やたく》十二門流」が形成されました。小野流の特徴は、口伝《くでん》・口訣《くけつ》（奥義《おうぎ》や秘伝を口伝えに教授すること）を重んじることにあります。一方、広沢流は、儀軌《ぎき》（密教の儀式の方法や規則。また、それらを記した典籍）を重んじています。

野沢十二流の系譜

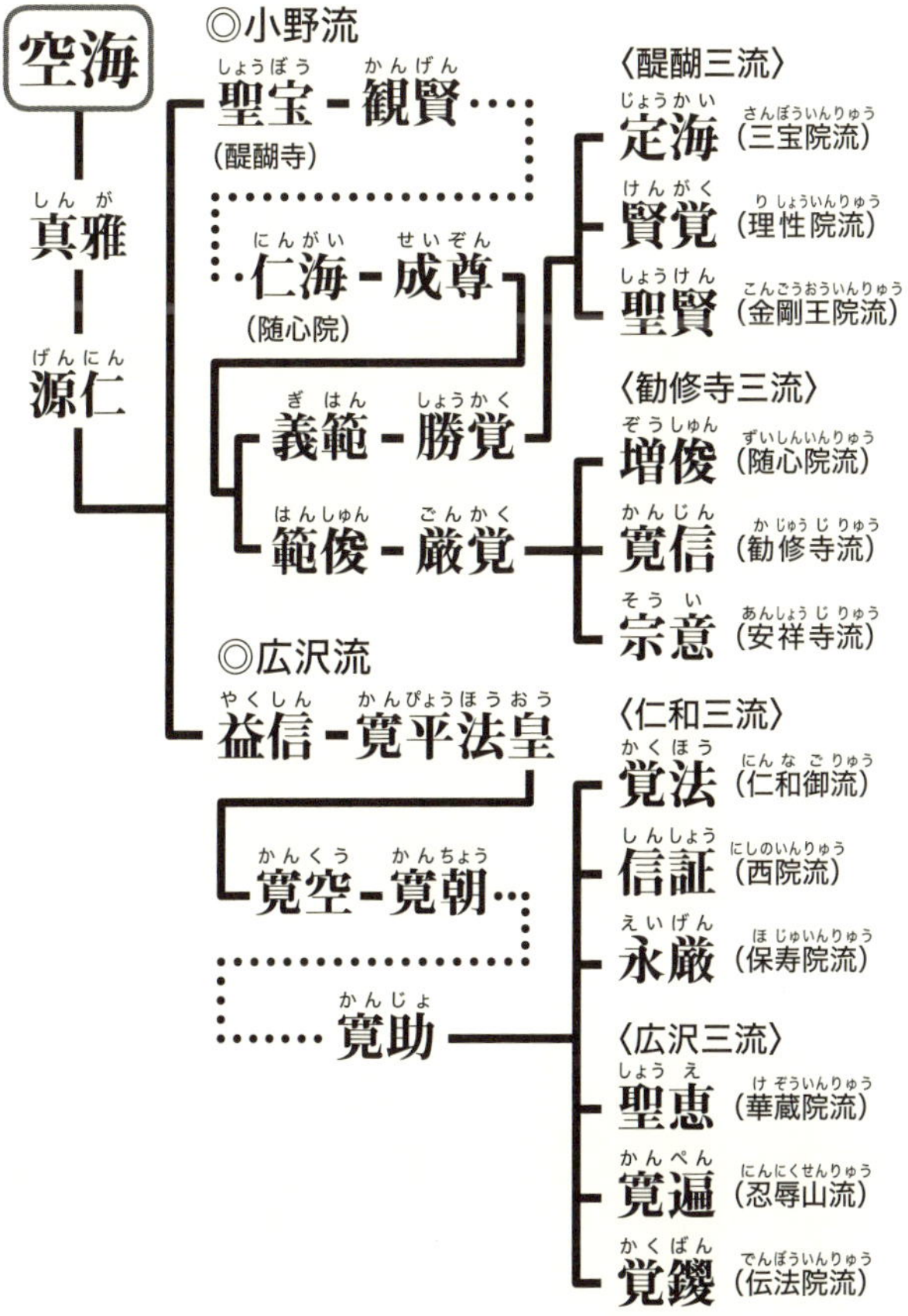
空海
真雅《しんが》
源仁《げんにん》
◎小野流
聖宝《しょうぼう》－観賢《かんげん》
（醍醐寺）
仁海《にんがい》－成尊《せいぞん》
（随心院）
義範《ぎはん》－勝覚《しょうかく》
範俊《はんしゅん》－厳覚《ごんかく》
〈醍醐三流〉
定海《じょうかい》（三宝院流《さんぼういんりゅう》）
賢覚《けんがく》（理性院流《りしょういんりゅう》）
聖賢《しょうけん》（金剛王院流《こんごうおういんりゅう》）
〈勧修寺三流〉
増俊《ぞうしゅん》（随心院流《ずいしんいんりゅう》）
寛信《かんじん》（勧修寺流《かじゅうじりゅう》）
宗意《そうい》（安祥寺流《あんしょうじりゅう》）
◎広沢流
益信《やくしん》－寛平法皇《かんぴょうほうおう》
寛空《かんくう》－寛朝《かんちょう》
寛助《かんじょ》
〈仁和三流〉
覚法《かくほう》（仁和御流《にんなごりゅう》）
信証《しんしょう》（西院流《にしのいんりゅう》）
永厳《えいげん》（保寿院流《ほじゅいんりゅう》）
〈広沢三流〉
聖恵《しょうえ》（華蔵院流《けぞういんりゅう》）
寛遍《かんぺん》（忍辱山流《にんにくせんりゅう》）
覚鑁《かくばん》（伝法院流《でんぽういんりゅう》）

3 【衰退と復興】「死者の霊が帰る山」高野山

平安時代（七九四～一一九一年）の前期・中期は、皇族や貴族など時の権力者の帰依《きえ》を受けた密教隆盛の時代です。加持《かじ》・祈祷《きとう》は彼らの心の支えになっていました。そのなかにあって真言宗（真言密教）と天台宗（天台密教）はお互いに勢力拡大を目指してしのぎを削っていました。

八三五年に空海が入定《にゅうじょう》後（没後）しばらくは、真言宗が天台宗を圧倒していました。しかし、真言宗では東寺と高野山の勢力争いなど宗派内での不和があり、勢いに翳《かげ》りが見えはじめます。その間に天台宗では円仁《えんにん》・円珍《えんちん》ら入唐僧《にっとうそう》が天台密教を確立して、真言宗をしのぐほどに隆盛します。

そんななか登場したのが、前項で述べた聖宝《しょうぼう》と益信《やくしん》です。彼らは天皇や貴族の帰依を受け、真言宗は空海当時の勢いを取り戻しました。それからは、真言宗と天台宗はともに時の権力者の帰依を得て発展していきました。

真言宗ではその頃、高野山金剛峯寺、東寺、仁和寺《にんなじ》、醍醐寺《だいごじ》が有力寺院でした。そのなかで、高野山は九九四年の大火により多くのお堂を焼失してしまいました。これにより高野山が一時期衰退します。

そのとき高野山の復興のために援助したのが藤原道長《ふじわらのみちなが》・頼道《よりみち》の父子でした。八〇〇年代後半から一〇〇〇年代後半は、藤原家による摂関《せっかん》政治の時代です。

栄華を極めた藤原摂関家の中心人物である道長は、真言密教の高僧として名高い仁海《にんがい》に帰依していました。信仰心の篤《あつ》い道長が「仏様に会うために天竺《てんじく》（インド）へ行きたい」と仁海に話すと、仁海は「高野山に参詣すれば、生きたまま仏になった弘法大師にお会いできます」と答えました。

一〇二三年、道長と頼道は高野山を参詣し、寺領を寄進。その後、院政の時代を迎えると上皇の参詣も見られるようになり、高野山は活気づきました。

空海の入定信仰により、死者の霊が帰る山として皇族や貴族が高野山詣《もうで》を行なうようになったのです。そして彼らは高野山への埋経《まいきょう》や納骨を盛んに行なったのです。

4

【山岳信仰】

修験道——「聖なる山の霊力」を身につける道

山を聖なる場所（御神体《ごしんたい》、神の宿る地）として信仰することを山岳信仰といいます。修験道《しゅげんどう》は、そうした日本古来の山岳信仰が中国の陰陽道《おんみょうどう》や道教《どうきょう》の影響を受けて発展したものです。山林にこもって厳しい修行を行なうことで山の霊力を身につけ、さとりを得たり、霊験《れいげん》を得ることを目的としています。

修験道の修行者は「修験者《しゅげんじゃ》」とか「山伏《やまぶし》」と呼ばれます。修験道の開祖は、奈良県の吉野から熊野にかけての大峰山系を修行の拠点とした役小角《えんのおづぬ》（役行者《えんのぎょうじゃ》、六三四?～七〇一?年）といわれています。

平安時代になり、修験道は真言宗や天台宗と強く結びついて盛んになりました。修験道の修行には、印《いん》契を結ぶ、九字《くじ》を切る、護摩《ごま》を焚《た》くという密教の修法《しゅほう》が多く取り入れられています。

空海は入唐《にっとう》前に四国や近畿で山岳修行をしていたといわれ、修験者たちとも関わっていたようです。大峰山系にも湧水や鉱物にまつわる空海伝説がいくつも残されています。

現在の修験道は、役小角を開基とする金峯山寺《きんぷせんじ》（奈良県吉野町）、そして当山派《とうざんは》修験道の醍醐寺三宝院《だいごじさんぼういん》（京都市伏見区）、本山派《ほんざんは》修験道の聖護院《しょうごいん》（京都市左京区）の三寺が中心寺院です。真言宗系の修験道を「当山派修験道」といいます。山岳修行を積極的に取り入れ、醍醐寺を開いた聖宝《しょうぼう》が八九四年、吉野の金峯山にお堂を建て、復興に力を注ぎました。金峯山寺の中興《ちゅうこう》の祖である聖宝は当山派修験道の祖とされ、醍醐寺の支院である三宝院が当山派修験道の総本山となっています。

一方、天台宗系の修験道は「本山派修験道」といいます。比叡山延暦寺《ひえいざんえんりゃくじ》五代座主《ざす》で天台寺門宗《てんだいじもんしゅう》の祖・円珍《えんちん》が那智《なち》の滝で一千日の参籠《さんろう》修行をし、園城寺《おんじょうじ》（通称：三井寺《みいでら》、天台寺門宗総本山。滋賀県大津市）が発祥とされます。のちに園城寺の増誉《ぞうよ》が聖護院に入り、修験道の宗派を結成したことから本山派修験道の祖とされ、聖護院が本山修験宗総本山となっています。

5 【中興の祖】名僧・覚鑁が行なった「高野山の大改革」

平安時代後期、真言宗は依然勢力を誇っていました。しかし時の権力者の帰依《きえ》にあぐらをかき、修行を怠る僧侶も増えていました。そこに新風を吹き込んだのが覚《かく》鑁《ばん》（一〇九五～一一四三年）です。

覚鑁は肥前国藤津庄《ひぜんのくにふじつのしょう》（佐賀県鹿島市《かしま》）の出身です。十三歳で京の仁和寺《にんなじ》の寛助《かんじょ》に入門し、仏教を学びます。十六歳で寛助のもとで得度《とくど》し、二十歳のときに東大寺戒《かい》壇院《だんいん》で受戒。その年に高野山にのぼり、本格的な密教修行を始めます。その修行は壮絶なもので、たとえば空海も行なった虚空蔵求聞持法《こくうぞうぐもんじほう》（62ページ参照）をわずか数年間で七度も行なうなど、途方もない修行に明け暮れました。そして一一二一年、二十七歳までの間に寛助ほか八人の師から伝法灌頂を受けました。

若き名僧・覚鑁の名声はすぐにひろまりました。紀伊国石手庄《きいのくにいわでのしょう》（和歌山県岩出《いわで》市）の豪族から私領を寄進され、神宮寺《じんぐうじ》を建立。さらに鳥羽《とば》上皇から帰依を受け、大きな後ろ盾ができた覚鑁は高野山の改革に着手します。

当時、高野山は東寺の末寺的な存在になっていました。その高野山の復権を目指し、鳥羽上皇に願い出て大伝法院《だいでんぽういん》と密厳院《みつごんいん》を建立しました。大伝法院創建は、伝法《でんぽう》大会《だいえ》を復活するためでした。伝法大会とは、論議によって教義をより充実させる研《けん》鑽《さん》の場で、空海の第一の高弟・実恵《じちえ》が東寺で行ない、高野山でも真然《しんぜん》が始めましたが、八四七年以来途絶えていました。また、密厳院は僧房として建立されました。

大伝法院は一一三二年に完成。覚鑁は伝法大会を復活させ、浄土思想を取り入れて新たな真言密教をつくりあげました。そして東寺長者《ちょうじゃ》が兼務していた金剛峯寺座主《ざす》の職は高野山在住の僧が務めるべきで、金剛峯寺座主は大伝法院の座主を兼務し高野山全体を運営するべきだと鳥羽上皇に進言しました。

一一三四年、覚鑁は大伝法院とあわせて金剛峯寺の座主になりました。そして、院宣《いんぜん》により石手庄の神宮寺の周辺に広大な荘園（現在の岩出市、和歌山市、橋本市にわたる）を賜ったのです。覚鑁、四十歳の年でした。

6

【旧勢力との闘い】

なぜ中興の祖・覚鑁は、高野山をおりたのか？

鳥羽上皇の帰依《きえ》を受けて金剛峯寺の東寺からの独立を果たし高野山を支配する覚《かく》鑁《ばん》に対して、以前から金剛峯寺を運営していた旧勢力や東寺の僧たちはおもしろくありません。とくに金剛峯寺の旧勢力は、大伝法院と金剛峯寺の寺領についての争いもあり、覚鑁と対立し武力行使におよぶようになりました。

覚鑁は、彼らの不満の声を抑えるため、大伝法院と金剛峯寺の座主《ざす》になった翌年の一一三五年、座主の座を捨てて密厳院《みつごんいん》に引きこもりました。

しかし混乱は収まらず、一一三九年には武装した金剛峯寺の僧衆が密厳院の覚鑁を襲撃するという事件が起こります。密厳院、さらに大伝法院が焼き討ちされるにおよび、覚鑁は大伝法院の学僧七百人を引き連れて鳥羽上皇から寄進を受けた根来《ねごろ》に移り、円明寺《えんみょうじ》を開きました。これがのちの根来寺《ねごろじ》です。

覚鑁を救った「きりもみ不動」

金剛峯寺の僧衆が密厳院《みつごんいん》の覚鑁《かくばん》を襲撃したとき、覚鑁が逃げ込んだ不動堂に本尊の不動明王が二体並んでいた。どちらかが覚鑁であるとして、両体の膝《ひざ》に槍を突き刺した。すると両方の不動明王の膝から血が吹き出し、暴徒たちは驚いて退散した。現在、根来寺に安置されている不動明王は、そのとき覚鑁の身代わりとなった像を移したものだとされる。

7 【新風】新義真言宗――「空海思想」の新しい形

根来《ねごろ》に移った覚鑁《かくばん》は、円明寺《えんみょうじ》を伝法会《でんぽうえ》道場と位置づけ、高野山にいたときと同様に浄土思想を取り入れた密教の教学研究と弟子の指導に明け暮れました。覚鑁の教えを求めて円明寺には学僧が全国から集まりました。しかし、根来に移った四年後の一一四三年、覚鑁は四十九歳で亡くなります。

その後、覚鑁の弟子たちは高野山への帰山を許され、大伝法院は高野山に再建され活況を呈します。しかし、金剛峯寺と大伝法院の確執は続きました。

鎌倉時代になっても確執は収まらず、一二八八年に大伝法院学頭《がくとう》（教学の統轄者）の頼瑜《らいゆ》（一二二六〜一三〇四年）は大伝法院を根来の地に移します。こうして新義真言宗が誕生し、高野山の権威復興を目指して教学研究に生涯を捧げた覚鑁の教えは、高野山でも東寺でもなく、根来の地で育まれたのです。

新義真言宗の歴史

覚鑁《かくばん》

1132年　高野山に大伝法院を創建

1139年　金剛峯寺の僧衆に焼き討ちされる

1140年　根来の円明寺を伝法会道場とする

覚鑁の死後、高野山に大伝法院が再建される

頼瑜《らいゆ》

1288年　根来に大伝法院を移す

1585年　秀吉に焼き討ちされる

玄宥《げんゆう》

京都の智積院
〈真言宗智山派〉

専誉《せんよ》

奈良の長谷寺
〈真言宗豊山派〉

〈新義真言宗〉紀州徳川家の外護《げご》を受けて復興

8

【布教】

高野聖――日本全国に真言宗をひろめる

弘法大師《こうぼうだいし》伝説が全国各所にあるのは、高野聖《こうやひじり》たちが日本中を巡遊して「弘法大師空海」の伝承を語り継いだからにほかなりません。

平安時代後期、覚鑁《かくばん》が登場した頃から高野山の僧には「学侶方《がくりょかた》」「行人方《ぎょうにんかた》」「聖《ひじり》方《かた》」という三つの階級が生まれました。学侶方はいわゆる学僧で、真言教学を研究しそれをひろめる僧です。行人方は、密教修行をしながら寺院運営のための雑務を行なう僧です。そして聖方は、高野山で修行し全国各地を巡遊しながら真言宗の教えをひろめる僧のことで「高野聖」と呼ばれました。階級としては、エリートである学侶方に行人方と聖方が従うかたちになっていました。

平安時代中期以降、空海の入定《にゅうじょう》信仰が盛んになり高野山は霊場として皇族や貴族たちが頻繁に参詣していました。そして彼らは高野山への納骨や建墓を行なうようになりました。後期になると、空海の入定信仰に念仏によって救われるという浄土信仰が融合し、「空海が即身成仏《そくしんじょうぶつ》した高野山はそのまま浄土である」という教えが生まれ、高野聖はそれを全国へひろめたのです。

そもそも高野聖の起源は、下級の僧たちが高野山の復興のための勧進《かんじん》（教えを説いて浄財を求めること）をしながら全国をめぐったことだとされています。彼らは祈祷《きとう》をしたり、護摩《ごま》の灰を分けたりして浄財を得ていました。また、巡遊地の人々から遺骨を預かって納骨することで勧進を行ない、高野山を経済面で支えました。

現在、高野山奥之院《おくのいん》へ続く参道の両脇は墓石でびっしりと埋め尽くされており、その数は二十万基とも三十万基ともいわれています（153ページ参照）。高野山が「天下の総菩提所《そうぼだいしょ》」「日本総菩提所」といわれる所以《ゆえん》です。

高野聖のなかには「高野聖の祖」といわれる教懐《きょうかい》（一〇〇一～一〇九三年）、高野山に蓮花三昧院《れんげさんまいいん》を開創した明遍《みょうへん》（一一四二～一二二四年）など名前を知られた僧もいますが、その多くは戦《いくさ》に破れた武士など生活が立ち行かなくなった名もなき人々が聖方となったともいわれます。

9 【新仏教の台頭】「密教は、仏教のすべての教えを包括している」

鎌倉時代は、わが国独自の仏教宗派が次々と成立しました。浄土宗、浄土真宗、臨済宗、曹洞宗、日蓮宗などです。これらは「念仏、禅、あるいは題目のどれか一つの修行だけでよい」というシンプルな教えで、人々に受け入れられました。また、平安時代までの国家あるいは皇族・貴族のためだけの仏教ではなく、万民の救済を第一に置いたことが民衆の心をとらえたのです。

しかし、鎌倉新仏教が台頭してきたときに真言宗が大きく衰退したかというとそうではありません。それは、密教の教えは仏教の一切の教えを包括していると考えるからです。ですから、念仏をとなえる浄土信仰も密教のなかに取り入れることができれば、坐禅をして仏になるという禅宗の教えも密教の一部と考えることができるのです。実際に、高野聖《こうやひじり》は「南無阿弥陀仏《なむあみだぶつ》」と念仏をとなえながら全国を巡遊し、お大師様のいるところが浄土であるとして真言宗をひろめていました。

そのように真言宗は、密教を基本に、その時代に盛んな密教以外の教えを学ぶことができる懐の広い宗派なのです。

また逆に、鎌倉新仏教では仏教が始まって以来の教えである戒律などがないがしろにされる傾向がありました。真言宗のなかには、それを正そうとして研究する僧もいました。たとえば、真言宗泉涌寺派《せんにゅうじは》の祖とされる俊芿《しゅんじょう》（一一六六～一二二七年）は、比叡山や高野山で修行したものの、当時の戒律を軽視する風潮を嘆き、中国（宋《そう》）に渡って戒律・天台教学・真言密教・禅などを学びました。そして、日本で最初に純粋な宋風伽藍《そうふうがらん》の泉涌寺を建て、宋風の作法も取り入れました。

また真言律宗《りっしゅう》の宗祖である叡尊《えいそん》（一二〇一～一二九〇年）は、高野山で真言密教を修めたのちに、戒律の復興を志して修行を積み、奈良の西大寺《さいだいじ》を復興させて真言律宗の道場にしました。

このように真言宗はさまざまな仏教の教えを取り込みながら、鎌倉新仏教成立の時代を乗り越えました。

10 【仏教弾圧】秀吉の帰依――高野山はなぜ無事だったか？

室町時代後期から安土桃山時代、いわゆる戦国の世は、仏教界にとって受難の時代となりました。天下統一を図る戦国大名の織田信長と豊臣秀吉は、大きな力を持つ仏教教団を次々に攻撃していきました。彼らにとって僧兵《そうへい》の軍事的脅威は無視できなかったのです。

僧兵とは、大寺院において寺領や財産を自衛するために組織された僧たちの武力集団のことです。平安時代末期に比叡山《ひえいざん》で組織されたのが最初といわれ、戦国時代には僧兵は巨大化し、戦国大名と肩を並べるほどの武力を持つ大寺院もありました。

一五七一年、信長は姉川の戦いで浅井《あざい》・朝倉軍を支援した比叡山延暦寺《ひえいざんえんりゃくじ》（天台宗）を焼き討ちしました。さらに奈良の興福寺《こうふくじ》（法相宗《ほっそうしゅう》）を攻め、一五八〇年には十一年におよんだ石山合戦で大坂《おおざか》の石山本願寺《いしやまほんがんじ》（浄土真宗《じょうどしんしゅう》）を屈伏させました。

そして、信長の目は高野山に向きます。その頃の高野山は寺領百万石《ごく》、僧兵三万人という大勢力だったといわれます。一五八一年、信長は諸国を巡遊する高野聖《こうやひじり》にはスパイも多く紛れていると見て、高野聖千数百人を捕らえて処刑しました。それから高野山を包囲します。ところが、翌八二年に本能寺《ほんのうじ》の変で信長が敗死し、高野山攻めは一時休止されました。

天下統一事業は秀吉に引き継がれます。秀吉は真言宗の僧兵鎮圧の目をまずは根来寺《ねごろじ》に向けました。その頃の根来寺は寺領七十二万石、「根来衆《ねごろしゅう》」と呼ばれる鉄砲で武装した僧兵を約一万人擁していました。信長も攻めあぐねていた根来寺でしたが一五八五年、秀吉によって焼き討ちされます。大塔と大師堂を残してすべての伽藍《がらん》は焼失したといわれます。

根来寺の学頭だった専誉《せんよ》（一五三〇～一六〇四年）と玄宥《げんゆう》（一五二九～一六〇五年）は戦火を逃れて、のちに専誉は新義真言宗豊山派《ぶざんは》を、玄宥は新義真言宗智山派《ちさんは》を興します。

根来寺を焼き討ちした秀吉は、続いて高野山攻めを画策。高野山に対して全寺領の没収を通告してきました。このとき秀吉との交渉にあたったのが木食応其《もくじきおうご》（一五三六〜一六〇八年）です。武士出身の応其は寺領の没収を取りやめさせたばかりか逆に秀吉の帰依《きえ》を受けて、高野山に金堂《こんどう》再建の資金を寄進されました。応其は出家前は武士であり、当時、公家や武士の趣味として人気だった連歌《れんが》の名手で、秀吉に手ほどきをしたとも伝えられます。

そんなことから秀吉の応其への信任は篤く、「高野山を引き立てるのは応其ただひとりがいるからである。高野山の応其と思ってはならぬ。応其の高野山と心得よ」と高野山の重鎮たちに語ったというエピソードもあります。また応其は伽藍造営に長《た》けていたことから秀吉の命《めい》を受け、東寺の五重塔や、三十三間堂の再建など、各地で百近い伽藍の造営・再建を行ないました。

一五九四年、秀吉は母・大政所《おおまんどころ》の三回忌を高野山で行ないます。法要には豊臣秀次、徳川家康、前田利家をともない、そのときの接待役も応其が務めました。

こうして高野山の危機を救った応其ですが、秀吉の死によって時代が激変したことを受けて、自ら高野山を去りました。

高野山奥之院参道に並ぶ供養塔

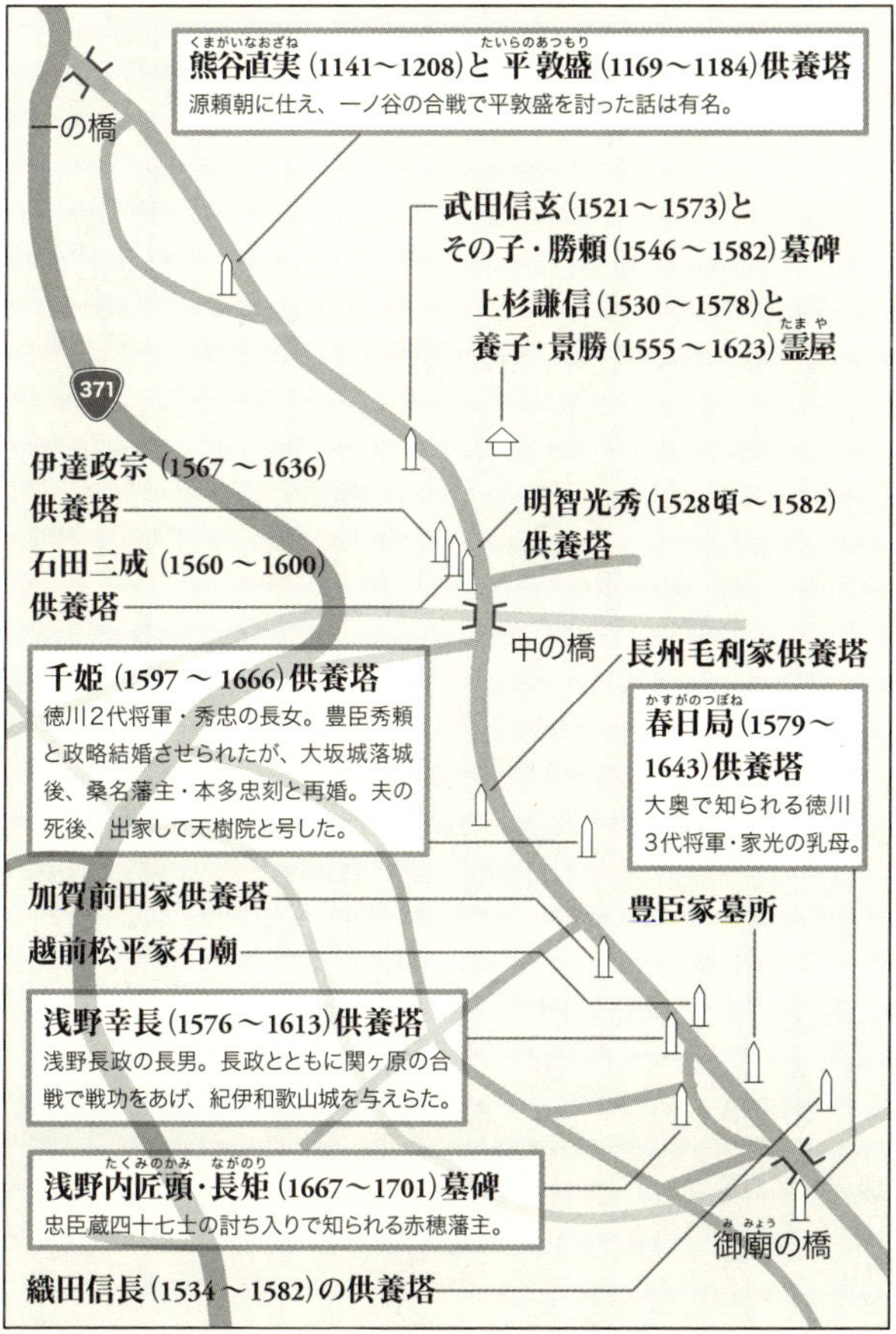
熊谷直実《くまがいなおざね》（1141〜1208）と平敦盛《たいらのあつもり》（1169〜1184）供養塔
源頼朝に仕え、一ノ谷の合戦で平敦盛を討った話は有名。
一の橋
武田信玄（1521〜1573）と
その子・勝頼（1546〜1582）墓碑
上杉謙信（1530〜1578）と
養子・景勝（1555〜1623）霊屋《たまや》
371
伊達政宗（1567〜1636）
供養塔
明智光秀（1528頃〜1582）
供養塔
石田三成（1560〜1600）
供養塔
中の橋
長州毛利家供養塔
千姫（1597〜1666）供養塔
徳川2代将軍・秀忠の長女。豊臣秀頼と政略結婚させられたが、大坂城落城後、桑名藩主・本多忠刻と再婚。夫の死後、出家して天樹院と号した。
春日局《かすがのつぼね》（1579〜1643）供養塔
大奥で知られる徳川3代将軍・家光の乳母。
加賀前田家供養塔
豊臣家墓所
越前松平家石廟
浅野幸長（1576〜1613）供養塔
浅野長政の長男。長政とともに関ヶ原の合戦で戦功をあげ、紀伊和歌山城を与えらた。
浅野内匠頭《たくみのかみ》・長矩《ながのり》（1667〜1701）墓碑
忠臣蔵四十七士の討ち入りで知られる赤穂藩主。
御廟《みみょう》の橋
織田信長（1534〜1582）の供養塔

11

【江戸時代以降】

関東進出——徳川家と良好な関係を築く

一五八五年、根来寺《ねごろじ》が秀吉に焼き討ちされた際に戦火を逃れた専誉《せんよ》と玄宥《げんゆう》は、それぞれ学僧を引き連れて高野山や醍醐寺などを転々とします。

その後、専誉は秀吉の命《めい》で奈良の長谷寺《はせでら》に入ります。当時の長谷寺は、法相宗《ほっそうしゅう》のお寺でしたが、新義真言宗に改宗し、現在の真言宗豊山派《ぶざんは》の総本山になりました。豊山派は江戸時代になり、五代将軍綱吉《つなよし》の母が江戸に護国寺《ごこくじ》（東京都文京区）を建立して関東の拠点としたことにより、末寺が増えました。「西新井大師」として親しまれている總持寺《そうじじ》（東京都足立区）も豊山派のお寺です。

玄宥は、江戸時代になってから徳川家康の帰依《きえ》を受け、秀吉をまつった京都の豊《ほう》国《こく》神社の社領を寄進され、根来寺の学頭寺院だった智積院《ちしゃくいん》を再興させます。これが現在の真言宗智山派《ちさんは》の総本山になりました。智山派も関東に進出し、成田山新《しん》勝寺《しょうじ》（千葉県成田市）、川崎大師平間寺《へいけんじ》（神奈川県川崎市）、高尾山薬王院《やくおういん》（東京都八王子市）が「関東三大本山」として知られています。

また、根来寺も江戸時代に徳川家の帰依を受けて再興され、焼き討ちのときに焼失を逃れた大塔は国宝に指定されています。

高野山は、秀吉が母の菩提《ぼだい》を弔うために青巌寺《せいがんじ》（明治時代に金剛峯寺と改称）を建立したことから、多くの戦国大名が奥之院《おくのいん》の参道に供養塔を建てて江戸時代には庶民の高野山詣《もうで》が流行しました。

また、四国八十八カ所霊場をはじめ、西国三十三カ所、坂東三十三カ所などの観音霊場めぐりが流行したのもこの頃です。

江戸時代は幕府の寺院管理政策によって本来の布教活動を制限されます。幕府は仏教教団に対して法度《はっと》（法律）を発布し、巧妙に支配下に治めました。本末《ほんまつ》制度（本山と末寺の関係をつくる制度）によって宗派ごとに管理統制し、民衆に対してはすべての人が必ずどこかのお寺の檀家《だんか》にならなければならないという寺請《てらうけ》制度によって、キリスト教廃絶と戸籍管理を行なったのです。

また、お寺（檀那寺《だんなでら》）は檀家の葬儀や法事を行ない、檀家は布施によってお寺（檀那寺）を支える義務を負いました。そのため、寺院運営は安定しましたが、布教活動はおろそかになり、これが今でいう「葬式仏教」の発端といわれています。

とはいえ、江戸時代は仏教各宗派が宗学研究に力を入れるようになりました。真言宗では、とりわけ豊山派・智山派の宗学研究が盛んで、多くの優れた学僧を輩出しています。

明治時代になると、新政府の神道《しんとう》国教化政策によって、仏教界は大打撃を受けます。一八六八年に「神仏分離令」が発布されると、仏教排斥運動が起こりました。とくに密教は「神は仏が人々を救うために姿を変えてこの世に現れたもので、神と仏は同体である」という神仏習合を掲げていたので、壊滅的な打撃を受けました。

また、醍醐寺三宝院（真言宗系）や聖護院（天台宗系）などを拠点としていた修《しゅ》験道《げんどう》も廃止されました。それでも仏教界が団結して政府に働きかけたことで、一八七六年に「信教自由令」が発布され、仏教界は少しずつ被害から立ち直り、修験道の寺院も復興しました。

5章

あなたの心を熱くする「空海の言葉」

1
【寛容の心】
「どうして過ちを犯さずに生きることができようか」

空海の人生をたどってみると、彼が自分自身のことで悩んだことは生涯ただの一度もなかったようです。

仏門に入るときも、自分の悩みを解決したいとか、自分がこんな人間になりたいということではなく、「世の中をよくするためには自分は何をすればよいのか」という、ただ一点のみで行動を起こしました。中国から帰国したとき、京に入ることを許されなかったときも、一刻も早く人々の役に立ちたいと願いつづけました。

だから、中国に渡っても正統密教を修めるだけにとどまらず、科学技術、学芸、教育、医学、占星術など、あらゆる分野の最新知識を持ち帰るバイタリティがあったのでしょう。

この〝超〟ポジティブシンキングは、空海が残した言葉にも鮮明に表れています。

たとえば、過ちを犯した人にも広い心で接してくれます。

「こんな汚れた世の中に生きる凡夫《ぼんぷ》が、どうして過《あやま》ちを犯さずに生きることができようか。過ちを許して新たな出発をさせることを〝心の広さ〟というのであり、罪を犯した者を許すことを〝大いなる徳〟というのである」（『性霊集《しょうりょうしゅう》』より）

今の世においてもまったく古くない言葉ですね。誰もが、そのような心の広さと大いなる徳を持っていれば、もっと世の中が明るくなるでしょう。

もちろん、空海が常に前向きに私たちを元気づけてくれる根底には、真言密教の教えがあります。

「誰もが仏性《ぶっしょう》（仏と変わらぬ心）を持っていることに早く気づきなさい」

空海は、私たち一人ひとりに〝生きたまま仏になれる自覚〟を持たせるために数多くの著作を残したのです。

ここでは、空海の教えのなかでも、とくに代表的なものを名言として紹介していきます。あなたの魂に響く言葉があったなら、それを心の中で何度も何度も繰り返してください。きっと、今日を生きる力になるはずです。

2
【感謝の心】
「命あるものすべてが、親であり教師」

「恩」を大切にして生きることは仏教ならずとも当然のことです。

仏教では、この世で受ける四つの恩を「四恩《しおん》」と呼んでいます。それは、両親、国王、すべての命あるもの、三宝《さんぼう》（仏《ぶっ》・法《ぽう》・僧《そう》）の四恩、あるいは父、母、如来、師僧の四恩であるといわれます。いずれにしても空海がここで強調しているのは、自分が今あるのは、両親やそれに関係する人々だけにとどまらず、すべての人間、すべての命あるもののおかげであるということです。私たちは自分ひとりでは生きられないのであり、すべての恩に感謝することが大切だと空海はいいます。

「報恩謝徳《ほうおんしゃとく》」という言葉もあります。受けた恩に報い、感謝の気持ちを表すことです。その感謝の気持ちが自然に出ることが、人間が完成に近づく、ということでもあるのでしょう。

すべての男性は私の父であり、
すべての女性は私の母です。
すべての命あるものは
私の両親であり、先生なのです。

「一切《いっさい》の男子《なんし》はこれわが父《ちち》なり、
一切の女人《にょにん》はこれわが母《はは》なり。
一切の衆生《しゅじょう》は皆《みな》これわが二親《にしん》、師君《しくん》なり」
『教王経開題《きょうおうきょうかいだい》』

3 【前向きな心】「気持ちを明るくすれば、光明が差してくる」

左の一節は、人の心のありようをとらえた言葉です。この後には「眼明《まなこあき》らかなれば途《みち》に触《ふ》れて皆宝《みな》なり」（心が明るく晴れわたっていれば、世の中は明るく輝いて見え、どれほど些細《ささい》なことでも幸せに感じることができるでしょう）と続きます。

たしかに、悲しい出来事に遭遇したときは心が曇り、目の前で信号が赤になったというほどのことでも「チェッ、ツイてないなぁ」と舌打ちします。

逆に、いいことがあれば心が晴れやかになり、急な雨に降られても「いいおしめりだな」と良い方向にとらえてニッコリ微笑むことができるものです。

大切なのは心が曇っているときです。「あぁ、心のレンズが曇っているな」と感じたら、きれいに拭いてから物事を見ればよいのです。空海もいっています。気持ちを晴れやかにしていれば、不思議と光明《こうみょう》が差してくるものだと……。

自分の心が暗く曇っているときは、
世の中すべてが暗く見えて
不幸なことばかりに感じるものです。

「心暗《くら》きときは、
すなわち遭《あ》うところことごとく禍《わざわい》なり」
『性霊集《しょうりょうしゅう》』

4 【自分を変える】「良い種をまけば、良い縁に恵まれる」

まかぬ種は生えぬ――たしかに、そうです。因果応報《いんがおうほう》の道理を示す言葉ですね。空海の名言にしてはいささか凡庸《ぼんよう》に感じるかもしれません。しかし、この言葉は私たちに勇気と厳しさを教えてくれます。

空海は、ただ善悪の行為の報いを受けることをいっているのではありません。どんな心根の人でも良い縁に恵まれれば賢人《けんじん》となり、良い縁に恵まれなければ凡夫《ぼんぷ》のままで終わるといいます。つまり、「縁」を大事にしなさいということです。

ただし、どんな縁でもよいわけではありません。悪い縁にとりつかれたら、いくら努力しても実りません。良い縁に恵まれる＝良い種をまく近道は、精進《しょうじん》＝正しい努力を続けることです。努力は自分の意思でコントロールできます。すぐに結果を求めず、地に足をつけた努力の継続の先に、秋の実りは訪れるのです。

春に種をまかなければ、
どうして秋に実《みの》りを
得ることができるでしょうか。

「春の種を下《くだ》さずんば、秋の実《みのり》いかに獲《え》ん」
『秘蔵宝鑰《ひぞうほうやく》』

5 【実践のすすめ】「実践のない言葉など、何の意味もない」

空海は「口でいうだけなら鸚鵡《おうむ》でもできる。口ばかり達者で行動がともなわないならば猩猩《しょうじょう》と同じではないか」と怒っています。猩猩とは、大酒飲みで猿に似た空想上の動物のこと。

事の起こりは、儒教者に「仏教の僧侶など、出家して働かず、国のために役に立っていない」と批判されたことでした。これに対して空海は「冗談じゃない。儒教者こそ道徳心を説くばかりで、その精神を実践しようともせず、何の役にも立っていないではないか」と反論したのです。

空海の生涯のテーマは〝実践〟でした。満濃池《まんのういけ》の治水工事や、わが国最初の民間学校である綜藝種智院《しゅげいしゅちいん》の開校など、さまざまな事業を行なっています。だからこそ、「口先だけの人間」に我慢がならなかったのでしょう。

口ばかりで実行しないのならば、
猩猩《しょうじょう》と何ら異なりません。

「言って行《おこな》わずんば、何ぞ猩猩《しょうじょう》に異《こと》ならん」
『秘蔵宝鑰《ひぞうほうやく》』

6 【学ぶ心】「才能を活かすも人、殺すも人」

綜藝種智院《しゅげいしゅちいん》を開校したとき、ある人が「貴族でもない者のために学校を開いても長続きしないでしょう」といったことに対して空海が答えたのが、左の言葉です。

誰にでも才能があります。その才能を開花させるには、本人の努力はもちろんですが、誰でも平等に学べる環境を整えなければならないということです。

さらに空海は「大海は多くの川が流れ込んで深くなり、高山は塵《ちり》が積もって高くなる」といっています。仏教のみ儒教のみというように偏らず全般的に学ぶことで、それぞれの才能や個性を伸ばす教育ができることを主張しました。

会社や国家などの組織運営でも、同類ばかりで運営する組織が傾きやすいのは自然の理《ことわり》であり、志を同じくするさまざまな才能や個性がぶつかり合ってこそ、組織は長く、たくましく継続されるものである、と空海はいいます。

物事が繁栄したり廃《すた》れたりするのは、
必ずそれに関わる人に左右されます。
人の浮き沈みは、
必ずその人の学んできたことや
生きざまに関わってきます。

「物の興廃《こうはい》は必ず人に由《よ》る。
人の昇沈《しょうちん》は定《さだ》んで道に在《あ》り」
『続性霊集《ぞくしょうりょうしゅう》』

7
【素直な心】
「石ころのなかにも宝は埋まっている」

左の言葉は、「解宝《げほう》の人は鉱石を宝と見る。知ると知らざると何誰《だれ》か罪過《ざいか》ぞ」（宝石の専門家は石ころのなかから宝石を見出すことができます。それを判別できるかできないかは本人次第です）と続きます。

つまり、何事においても自分自身のほうに問題があるということに気づきなさいと空海はいっているのです。それは、大日如来とつながっている自分に気づくことが真言密教の出発点であるということです。

気づきは、私たちの日常においても活用できます。たとえば、これまでなら見過ごしていた風景を、一つひとつ丁寧《ていねい》に見てください。季節の移ろいや、道行く人の表情など、これまで気づかなかったことに気づくようになります。そんな感性の研ぎ澄ましが、新しい自分を引き出すことにつながります。

名医の目から見れば、
道端に生えている草さえも
すべて薬になります。

「医王の目には途《みち》に触《ふ》れて皆《みな》薬なり」
『般若心経秘鍵《はんにゃしんぎょうひけん》』

8

【今を生きる】

「生死は誰にもわからない。だから今が大切」

なぜ死が怖いのか。それは、わからないからです。

「生の始めに暗く」「死の終《おわ》りに冥《くら》し」とは、人生そのものがわからないで生き、わからないままに終わるということです。

私たちは、必ずやってくる死をやみくもに恐れ、生を貪《むさぼ》るように生きています。際限なく利益や快楽を追い求めることで、まるで死を忘れようとしているようです。「酔生夢死《すいせいむし》」という言葉がありますが、お酒に酔っているかのように生き、すべてが夢だったかのように死んでいく――つまり、無為に一生を過ごすことです。

しかし空海は「無為に生きて死ぬだけの一生でよいのか」と問いかけます。そして私たちを諭《さと》しています。「この世に生を受けたものは例外なくいつか死ぬ定めにある。考えるべきは、人生を充実させることではないか」と。

自分が何のために生まれてきたのか
わかっている人はいないし、
死んだらどうなるかわかっている人もいません。
わかっているのは、誰もが暗闇《くらやみ》から生まれ、
また死という暗闇に還《かえ》っていくということです。

「生《うま》れ生れ生れ生れて生の始めに暗く、
死に死に死に死んで死の終《おわ》りに冥《くら》し」
『秘蔵宝鑰《ひぞうほうやく》』

9 【仏の心】「すべてを仏様にゆだねればいい」

『即身成仏義《そくしんじょうぶつぎ》』には、私たちが現在生きているこの身のままで仏になれるという「即身成仏」の教えが説かれています。

左の言葉の前には「仏身即ち是れ衆生身、衆生身即ち是れ仏身なり」（仏とは迷える私たちであり、私たちこそが仏そのものなのである）とあります。

仏そのものであるというのは、誰もが本来、仏の心と変わらぬ仏性《ぶっしょう》を持っているということです。つまり〝赤ちゃんになれ〟というわけです。

大人には「分別《ふんべつ》」があります。分別とは、良い・悪い、きれい・汚いなどと区別することです。そうした観念に染まる以前のまっさらな本来の姿が仏の心なのです。

だから、「仏様と私たちは同じではないが本来は同じであり、本来は異ならないが異なっている」と空海はいうのです。そして、本来に戻すのが三密行《さんみつぎょう》なのです。

仏様と私たちは、
同じではないが同じであり、
異ならないが異なるのです。

「不《ふ》同《どう》にして同《どう》なり、不《ふ》異《い》にして異《い》なり」
『即身成仏義《そくしんじょうぶつぎ》』

10 【生きる智恵】「浄水も濁り水も同じ水」

法身《ほっしん》（永遠の真理）である大日如来と、人身である私たちとの違いは、さとりの智恵があるかないか、煩悩《ぼんのう》にとらわれているかいないかの違いです。たとえていうなら、大日如来は浄水であり、私たち凡夫《ぼんぷ》は濁《にご》り水ということです。しかし、同じ水であることに変わりはありません。

「耳に入る一切の響《ひび》きは大日如来の声であり、目に見える一切の現象は大日如来の文字である」

『声字実相義《しょうじじっそうぎ》』には、このように説かれています。つまり、森羅万象《しんらばんしょう》（この宇宙におけるすべての現象）は大日如来の教えであるということです。ですから、私たちが経験するすべてが、幸せに生きるための大日如来の教えであるということです。

そして、その気づきが「さとり」なのです。

さとりの智恵に目覚めた人を「大覚《だいかく》」と呼び、
煩悩《ぼんのう》にとらわれている人を「衆生《しゅじょう》」と呼びます。

「悟れるものをば大覚《だいかく》と号し、迷えるものをば衆生《しゅじょう》と名づく」
『声字実相義《しょうじじっそうぎ》』

11

【こだわらない】
「泥沼の中でも、きれいな花は咲く」

仏教では、泥沼の中にあってもきれいに花を咲かせる蓮華を、清らかに生きる人間のあるべき姿の象徴として大切にしています。

そして蓮華は、つぼみの中に実を宿していることから、私たちの心の中にも本来、仏の心と変わらぬ仏性がそなわっていることにたとえられます。

たしかに、人間社会は泥沼のように濁《にご》りきっているかもしれません。しかし、そんな社会や環境のせいにして泥水に染まっているようでは、いつまでたっても自分らしく生きることはできません。

心が泥水に染まっているなと感じたら、泥中に凛《りん》と咲く蓮華を思い出してください。そして自分らしさを取り戻してください。

何事にも執着しない「こだわらない心」こそが、苦しみから救われる道なのです。

蓮華を見ては自分の心が清浄であることを知り、
その実を見ては自分の心に仏性がそなわっている
ことを悟るのです。

「蓮《はす》を観じて自浄を知り、菓《このみ》を見て心徳《しんとく》を覚《さと》る」
『般若心経秘鍵《はんにゃしんぎょうひけん》』

12

【同行二人】
「あなたの隣には必ず空海が寄り添っている」

八三二年八月に高野山で行われた万燈万華法会《まんどうまんげほうえ》（万燈会《まんどうえ》）での願文《がんもん》の一節です。法会を始めるにあたって「毎年一度、この法会を営んで四恩《しおん》に報いたい」と願い、誓ったのが左の言葉です。

生きとし生けるものが存在するこの世界、そこに生きる人々、さとりの世界、このすべてがなくなってしまえば、迷える人々を救いたいという私の願いも尽きるけれど、この三つは無限だから私も永遠に願いつづけるだろう、という空海のやさしさがあふれています。

この三年後、空海は高野山で入定《にゅうじょう》しました。六十二歳でした。

人と人との関係が希薄になり、単身世帯が増えて「無縁社会」という言葉まで生まれる現代においても、空海はいつも私たちのそばで見守ってくれているのです。

この世界がなくならないかぎり、
すべての命あるものがなくならないかぎり、
仏国土のように平和にならないかぎり、
私の万民救済の願いは続くのです。

「虚空《こくう》尽き、衆生《しゅじょう》尽き、
涅槃《ねはん》尽きなば、我が願いも尽きなん」
『続性霊集《ぞくしょうりょうしゅう》』

6章

読むだけで役立つ「真言宗のしきたり」

1

【日常のおつとめ】

仏壇の前で「一日一回手を合わせる」ご利益

おつとめは「勤行《ごんぎょう》」ともいいます。日常のおつとめとは、仏様にお経をあげることです。仏壇のある家庭なら、たとえ毎日おつとめをしていなくても、故人の命日《めいにち》、お盆やお彼岸《ひがん》、そしてお正月などに仏壇《ぶつだん》の前で手を合わせることでしょう。

「おつとめ」というと義務のようで、堅苦しさを感じる方もいると思います。しかし、仏壇の前で一日一回手を合わせることで「ご利益《りやく》」をいただけるとしたら、毎日でも積極的にやりたくなりませんか？

おつとめをする目的は三つあります。一つは、災いを除き福徳を招くことです。初詣《はつもうで》やお祭りなどで神仏の前で願い事をするのと同じで、それを家庭の仏壇の前で毎日行なうのです。仏様という人間を超えた存在に礼拝《らいはい》することで、すべてに対して謙虚な気持ちが生まれます。その謙虚な心が結果として周囲への心配りとなり、自然に福徳が集まってくるのです。

二つめは、先祖をはじめ、すべてのものへの感謝です。

今の自分があるのは、両親、祖父母をはじめ、先祖のおかげであることはいうまでもありません。そして、自分自身も寿命が来たら先祖のもとへ還《かえ》っていきます。そう思うことで、死との断絶感はなくなり、安らぎを持って今を生きることができます。

そして三つめは、自分自身の修行のためです。

小さなことでも毎日継続するのはなかなか大変なことです。真言宗では、仏教徒として受戒するときに『十善戒《じゅうぜんかい》』といって、守るべき〝良い習慣〟を授かります。不殺生《ふせっしょう》（生きものを殺さないようにしよう）、不邪淫《ふじゃいん》（ふしだらな行為をしないようにしよう）、不妄語《ふもうご》（うそをつかないようにしよう）、不悪口《ふあっく》（悪口をいわないようにしよう）、不瞋恚《ふしんに》（怒りやうらみを持たないようにしよう）などです。

おつとめは、自分が〝良い習慣〟で暮らしているかを日々振り返る時間でもあるのです。こうした小さな努力を続けることが人間性の向上につながります。

2 【心のよりどころ】仏壇は「家庭のなかのお寺」

仏壇は故人の位牌《いはい》を安置していることから、先祖をまつる場所ととらえられがちですが、何よりもまず本尊をまつるための場所です。つまり、仏壇は家庭のなかの〝お寺〟です。

「家族に亡くなった人がいないから、うちはまだ仏壇はいらない」「仏壇を購入すると死者が出る」などといった誤解や迷信があるようですが、仏壇は生きている人のためのものであり、一家の心のよりどころとなるものです。家族が亡くなってからあわてて仏壇を買い求めるよりも、思い立ったときに購入するのがよいでしょう。

仏壇は大きく分けて、黒檀《こくたん》や紫檀《したん》の木目をいかした唐木《からき》仏壇と、漆塗《うるし》りで内部を金箔《きんぱく》で飾った金《きん》仏壇があります。真言宗では唐木仏壇を選ぶ方が多いようです。

仏壇はいつもお参りしやすいところに安置します。仏壇の向きは、できればお寺と同じ南向き（背が北側になる）がよいですが、部屋の都合もありますのであまり気にしなくてよいでしょう。向きよりも仏壇が傷《いた》まないように、直射日光が当たる場所を避けて、風通しのよい部屋を選びます。

そして、仏壇の上段中央に本尊をまつります。真言宗の本尊は大日如来《だいにちにょらい》です。ただし真言宗ではすべての仏尊を大日如来の化身と考えるので、菩提寺《ぼだいじ》にまつられている本尊や自分が信仰している仏様でもかまいません。

大きな仏壇なら、本尊の左右に脇侍《わきじ》をまつります。向かって右に宗祖・弘法大師《こうぼうだいし》（空海）、左には煩悩《ぼんのう》を焼き払うといわれる不動明王《ふどうみょうおう》、あるいは智山派《ちさんは》や豊山派《ぶざんは》などの場合は新義真言宗の祖・興教大師《こうぎょうだいし》（覚鑁《かくばん》）をまつります。本尊や脇侍は木像でも絵像（掛軸）でもかまいません。仏具店でも購入できますが、菩提寺《ぼだいじ》を通して求めるのがよいでしょう。家庭の仏壇に新しく本尊を迎えるときは、菩提寺の僧侶に開眼《かいげん》法要をしていただきます。

仏壇をお飾りすることを「荘厳《しょうごん》」といいます。荘厳に必要な仏具は、華瓶《けびょう》（花立て）・香炉《こうろ》（線香立て）・燭台《しょくだい》（ロウソク立て）の三具足《みつぐそく》です。仏壇の下段に、向かって左から華瓶・香炉・燭台の順に配置します。

そのほかには、仏前に毎朝ご飯とお茶をそなえるための仏飯器《ぶっぱんき》と茶湯器《ちゃとうき》、読経《どきょう》のときに使うリン（打鳴らし）、これくらいの仏具があれば毎日のおつとめにはじゅうぶんです。おそなえしたご飯とお茶はお昼までに下げて、いただきましょう。

故人の命日やお盆、お彼岸には、お菓子や果物などの供物《くもつ》を高坏《たかつき》にのせてそなえます。いただきものがあったときも仏壇に一度おそなえするとよいでしょう。

位牌と過去帳《かこちょう》は、仏壇内の段数にもよりますが、本尊と脇侍より一段低い位置に置きます。過去帳は中央に、位牌は向かって右側にします。位牌には、故人ひとりの戒名《かいみょう》が書かれた「札位牌《ふだいはい》」と、先祖代々の位牌を一つに納める「繰《く》り出《だ》し位牌」がありります。札位牌が複数ある場合は、古い位牌を繰り出し位牌にまとめて右側に置き、過去帳の左側に新しい位牌を置きます。

もし家に仏壇を置く場所が確保できないときは、次ページの例のようにしてもかまいません。低い戸棚の上や本棚などのスペースを利用して本尊と三具足を配置するだけで、そこは仏壇となり、毎日のお参りの場所となります。

真言宗の本尊とまつり方

本尊と脇掛

不動明王　　大日如来　　宗祖・弘法大師（空海）

＊一般的に智山派や豊山派など新義真言宗では、
左の脇侍に興教大師（覚鑁）をまつる。

最もシンプルな仏壇の例

＊本尊と三具足さえあれば仏壇といえる。

3

【仏前マナー】

「礼拝は供養の後」

おつとめは朝夕の一日二回行なうのが基本ですが、どちらか一回でもかまわないので毎日欠かさないようにしたいものです。

真言宗では「礼拝《らいはい》は供養の後」といって、まず六種供養《ろくしゅくよう》を調《ととの》えてから合掌礼拝し読経するのが原則です。六種供養とは、茶湯《ちゃとう》（お茶や水）、塗香《ずこう》（身心をきよめるためのお香）、華鬘《けまん》（礼拝者に向けて生けた生花）、焼香《しょうこう》（線香《せんこう》や抹香《まっこう》の香り）、飲食《おんじき》（ご飯など）、灯明《とうみょう》（ロウソクの火）です。

おつとめの前に華瓶《けびょう》の水を取り替え、炊きたてのご飯やお茶などをそなえます。パン食の場合はパンでもかまいません。塗香があれば少量を手にとり、身心をきよめます。そしてロウソクを灯《とも》し、その火で線香をつけます。線香の本数は、三宝《さんぼう》への帰依《きえ》や三密行《さんみつぎょう》を表す意味で三本立てるのが習わしですが決まりではありません。

六種供養とは？

茶湯《ちゃとう》

水は万物の命の源であり、
永遠の命の象徴

塗香《ずこう》

身心をきよめることから
持戒の徳を表す

華鬘《けまん》

人々の目を楽しませることから
仏の慈悲の象徴

焼香《しょうこう》

香りがくまなく広がることから仏の慈悲の象徴。線香が一直線に燃えることから精進の徳を表す

飲食《おんじき》

身を養うことから
禅定の徳を表す

灯明《とうみょう》

周囲を明るく照らすことから
仏の智恵の象徴

4 【おつとめの作法】誰でも家庭でできる「三密行」

僧侶の正式な合掌礼拝《がっしょうらいはい》の仕方は「五体投地《ごたいとうち》」といって、立って合掌した姿勢から正座になって両手の甲・ひじ・額《ひたい》を床につけ、両手の甲を耳の横で立てますが、檀信徒は正座で合掌し、上体を四十五度傾ける礼拝でよいでしょう。合掌礼拝は、三宝《さんぼう》への帰依《きえ》を表すために三度繰り返します。

真言宗のおつとめで読むお経は多くありません。『般若心経《はんにゃしんぎょう》』を中心に、前後に仏様を敬う願文《がんもん》などをとなえます。各派ごとに「勤行次第《ごんぎょうしだい》」が定められているので、菩提寺の僧侶に指導を受けるとよいでしょう。

真言宗のおつとめは、全身を使って合掌礼拝し、口にお経や真言をとなえ、心に仏様を念じる、まさしく三密行《さんみつぎょう》です。合掌とは印《いん》を結ぶことです。真言宗の檀信徒が行なう蓮華合掌《れんげがっしょう》や金剛合掌《こんごうがっしょう》の作法は99ページを参照してください。

おつとめの作法

❶念珠を左手にかけて合掌し、礼拝を三度する
❷経本を額の高さにおしいただく
❸リンを２回打ち、読経を始める。
❹読経が終わったら、リンを２回打つ
❺合掌し、礼拝を三度しておつとめを終える

5

【念珠】

仏前に礼拝するときの必需品とは?

真言宗では数珠を「念珠《ねんじゅ》」と呼びます。本来は、繰り返しとなえる真言の回数を数えるために使われ、仏前に礼拝するときに欠かせない法具です。

真言宗では空海が唐《とう》から持ち帰った百八珠《たま》のものを「本連《ほんれん》」と呼んで正式としています。しかし本連では重くて扱いが大変なので、現在は「半連《はんれん》」の五十四珠、「四半連《しはんれん》」の二十七珠といった、いろいろな珠数の念珠があります。

檀信徒は宗派を問わない略式の片手念珠を用いるのがよいでしょう。片手念珠はふさを下にして左手に持ち、合掌のときは左手の四指にかけて親指で軽く押さえるようにします。読経のときは左の手首にかけておきます。

念珠は家族全員がそれぞれに持ちたいものです。もし本連の念珠を用いる場合は、真言宗各派によって作法が異なるので菩提寺の僧侶にたずねるとよいでしょう。

真言宗の片手念珠のかけ方

持つとき

ふさを下にして
左手に持つ

合掌のとき

ふさを下にして
左手の四指にかけて
親指で軽く押さえる

読経のとき

ふさを下にして
左の手首にかける

6 【焼香】お葬式や法事で役立つ「真言宗の作法」

焼香には抹香《まっこう》と線香《せんこう》による場合があり、作法は宗派によって違います。

お葬式や法事のときには、僧侶の読経中に抹香による焼香をします。自分の順番になったら、左手に念珠を持って祭壇の前に進み、遺族の前を通るときには一礼します。焼香の手順は左図のとおり。焼香台の前で本尊に合掌礼拝《がっしょうらいはい》し、抹香をつまんで額《ひたい》にささげてから香炉に入れます。

焼香の回数は、真言宗では三回がよいとされています。それは、線香を三本立てるのと同様に三宝《さんぼう》への帰依《きえ》や三密行《さんみつぎょう》を表すといわれますが、回数にそれほどこだわる必要はありません。真心《まごころ》をこめて故人を供養することが焼香の本来の目的です。

近年のお葬式では時間の関係から一回で済ませたほうがよい場合もあります。

焼香が済んだら再び本尊に合掌礼拝し、遺族に一礼をして席に戻ります。

真言宗の焼香の作法

❶念珠をかけて本尊に向かって合掌礼拝する

❷抹香を右手人差し指と親指でつまみ、額にささげてから香炉に入れる。3 回行なう場合は同様にする

❸もう一度、念珠をかけて本尊に向かって合掌礼拝する

＊会場が狭いときなどに香炉を順に送って自分の席で焼香する「回し焼香」の場合も同じ手順で焼香する。

7 【お葬式と法事】「引導を渡す」――故人を成仏へと導く法

近年、お葬式は「葬儀・告別式」として行なわれることが多くなりました。
しかし本来の意味は、葬儀法要は近親者による宗教儀礼であり、告別式は故人の友人や知人が最後の別れをする世俗の営みであり宗教儀礼ではありません。つまりお葬式は、故人との最後の別れを惜しむ場であるとともに、故人を次の世に送る大切な宗教儀式なのです。

真言宗の葬儀法要は、菩提寺の住職を導師《どうし》として、故人を即身成仏《そくしんじょうぶつ》へ導くことが最大の目的です。導師は、故人に対して仏様と一体であることをさとらせるためにさまざまな秘印明《ひいんみょう》（印《いん》を結び、真言をとなえること）を与えます。これを「引導《いんどう》を渡す」といい、引導作法にはこの世を生ききった故人が無事に弥勒菩薩《みろくぼさつ》の都率浄《とそつじょう》土《ど》へ還《かえ》ることを願う意味があるのです。故人が生前に戒名（法名《ほうみょう》）をいただいていない場合は、引導を渡す前に住職が戒を授け、戒名を与えます。

私たちにとってお葬式に参列することは、故人の冥福《めいふく》（死後の幸せ）を祈るためはもちろんですが、仏教の教えを聞いて周囲の限りない縁によって生かされていることを自覚し、これからの人生に活かすためのよい機会なのです。

お葬式以後、故人の追善供養のために営む法要は一般に「法事《ほうじ》」と呼ばれます。追善供養とは、この世に残っている者が善《よ》い行ないをして、その功徳《くどく》を故人に手向《たむ》けることです。法事は故人をしのび、自身の生き方を考える機会でもあります。

亡くなった日から四十九日までを「中陰《ちゅういん》」または「中有《ちゅうう》」といい、この期間に故人は次の世に生まれ変わると考えられています。そこで七日ごとに七回の法要を行なうわけです。しかし近年は「繰り上げ初七日《しょなのか》法要」としてお葬式当日に葬儀法要や還骨《かんこつ》法要とあわせて営むことが一般化しています。そして「忌明《きあ》け」とされる最後の四十九日忌《しじゅうくにちき》がお葬式後の大きな法要として、遺族も死別の悲しみを乗り越えて新たな生活を始めるきっかけとなります。

年忌《ねんき》法要（年回法要）は、祥月命日《しょうつきめいにち》（亡くなった日と同月同日）にあわせて行ないます。亡くなって一年目が一周忌、二年目が三回忌、六年目が七回忌、十二年目が十三回忌、以降、地域によって十七回忌や二十三回忌、二十五回忌、二十七回忌などを行なうところもあります。三十三回忌で弔い上げとするのが一般的ですが、高僧や著名人などは五十回忌ごとに法要が営まれます。

近い関係の故人の年忌法要が重なる場合は「併修《へいしゅう》」（合斎《がっさい》）といってあわせて行なうこともできます。その場合の法要の日取りは、早いほうの祥月命日に合わせることが多いようです。しかし、七回忌くらいまでの法要は、できるだけ故人ひとりについて行なったほうがよいでしょう。

法事には古くからの十三仏《じゅうさんぶつ》信仰が残っているところもあります。それは、初七日から四十九日までと、没後百日目にあたる百カ日、そして一周忌、三回忌、七回忌、十三回忌、三十三回忌にそれぞれの守護仏をまつり、加護を願うものです。

また、地域によっては「月参《つきまい》り」といって、月忌《がっき》（月命日）に菩提寺の僧侶を迎えて自宅の仏壇の前でおつとめをする風習があります。月忌には、できれば家族そろっておつとめをしたいものです。

法事を守護する十三仏

忌日法要（法事）	法要の本尊（十三仏）・種字	
初七日忌	不動明王《ふどうみょうおう》	 カン
二七日忌	釈迦如来《しゃかにょらい》	 バク
三七日忌	文殊菩薩《もんじゅぼさつ》	 マン
四七日忌	普賢菩薩《ふげんぼさつ》	 アン
五七日忌	地蔵菩薩《じぞうぼさつ》	 カ
六七日忌	弥勒菩薩《みろくぼさつ》	 ユ
七七日忌（四十九日忌）	薬師如来《やくしにょらい》	 バイ

忌日法要（法事）	法要の本尊（十三仏）・種字	
百ヵ日忌	観音菩薩《かんのんぼさつ》	 サ
一周忌	勢至菩薩《せいしぼさつ》	 サク
三回忌	阿弥陀如来《あみだにょらい》	 キリーク
七回忌	阿閦如来《あしゅくにょらい》	 ウン
十三回忌	大日如来《だいにちにょらい》（金剛界）	 バン
三十三回忌	虚空蔵菩薩《こくうぞうぼさつ》	 タラーク

8

【戒名】

生前、徳が高かった人は「院号」がもらえる？

戒名とは仏弟子《ぶつでし》としての名前（仏名）であり、真言宗では正しくは「法名《ほうみょう》」あるいは「法号《ほうごう》」といいます。師である僧侶から仏弟子として守るべき戒を受けた檀信徒に与えられます。本来は生前に受戒して戒名を授かるものですが、多くの人は戒名を授からずに死を迎えます。しかし、仏弟子でなければ浄土（仏国土《ぶっこくど》）に行けないので、葬儀の場で戒名を授けるのです。

左図を見てわかるように本来の戒名は二文字で、その上に生前の徳を表す道号と、下に年齢や性別などを表す位号がつき、一般的にはその総称として戒名と呼んでいます。さらに徳が高い人には、道号の上に院号が贈られます。

真言宗の位牌は、戒名の上に仏様を表す種字《しゅじ》（梵字《ぼんじ》）を書くのが特徴です。一般的には、大人は𑖀（ア字）、子供の場合は𑖎（カ字）を書きます。

真言宗の戒名（法名）

戒名の構成

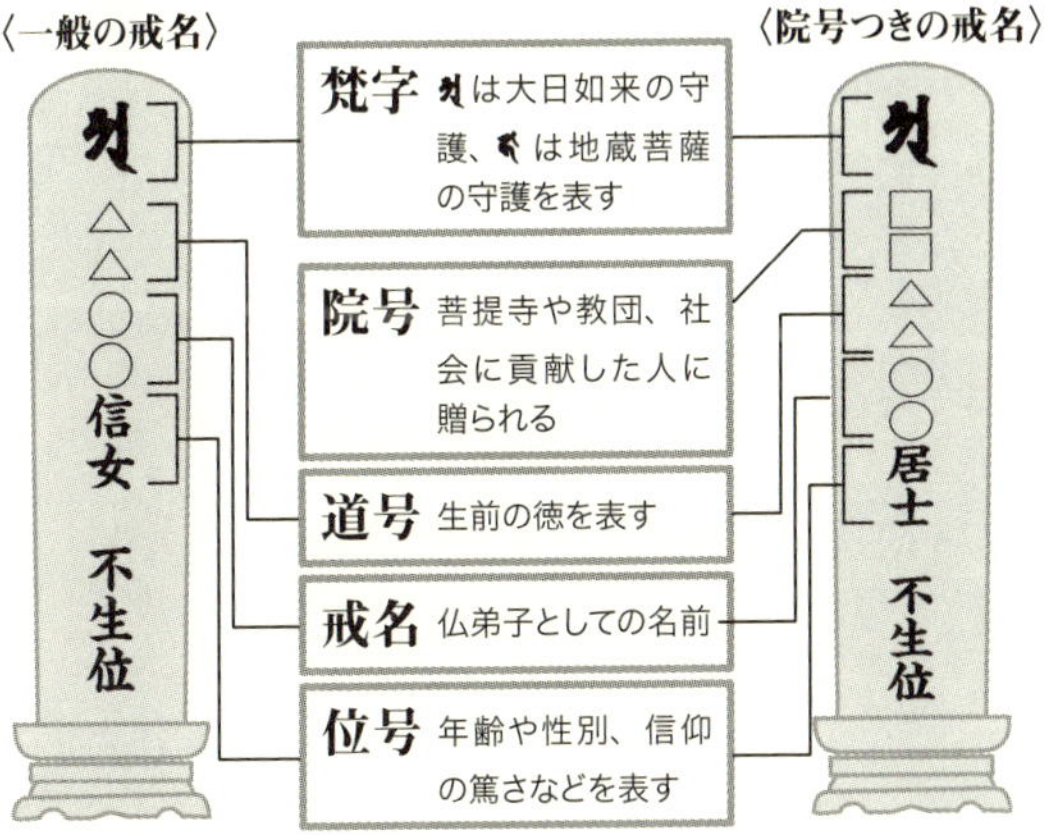
〈一般の戒名〉
〈院号つきの戒名〉
△△○○信女　不生位
□□△△○○居士　不生位
梵字　は大日如来の守護、　は地蔵菩薩の守護を表す
院号　菩提寺や教団、社会に貢献した人に贈られる
道号　生前の徳を表す
戒名　仏弟子としての名前
位号　年齢や性別、信仰の篤さなどを表す

＊不生位は「迷いの世界に再び生まれることのないように」という意味で、位牌に書くときの置き字。

位号が示す意味（右が男性・左が女性）

位号	意味
信士《しんじ》・信女《しんにょ》	一般の檀信徒
居士《こじ》・大姉《だいし》	徳の高い檀信徒
童児《どうじ》・童女《どうにょ》	3～15歳ぐらいの子供
孩児《がいじ》・孩女《がいにょ》	幼児
嬰児《えいじ》・嬰女《えいにょ》	乳児
水子《すいし》	死産・流産の胎児

9 【卒塔婆】ストゥーパ――故人の冥福を祈る証

年忌法要の際には、故人への追善供養として卒塔婆《そとうば》をお墓に立てます。

この卒塔婆供養は、お釈迦《しゃか》様の弟子たちが遺骨（仏舎利《ぶっしゃり》）を分骨し、塚や塔を建ててまつり供養したことに由来します。インドでは「ストゥーパ」といい、それが中国を経て日本に伝わり、塔の形を模した板状の卒塔婆となりました。

真言宗の卒塔婆の表面《おもて》には、宇宙の成り立ちである「空《くう》・風《ふう》・火《か》・水《すい》・地《ち》」を示す梵字と、法要の本尊を表す梵字（種字《しゅじ》）などが書かれます。裏面には、金剛界大日如来を表す「バン」という種字、破地獄《はじごく》（苦厄災難《くやくさいなん》を除く）の真言、そして宝号《ほうごう》である「南無大師遍照金剛《なむだいしへんじょうこんごう》」と書かれるのが一般的です。

卒塔婆は前もって菩提寺に依頼します。その際には「誰の何回忌の法要か」と「依頼者の名前」を伝えます。卒塔婆供養は、法要の施主以外でも依頼できます。

真言宗の卒塔婆

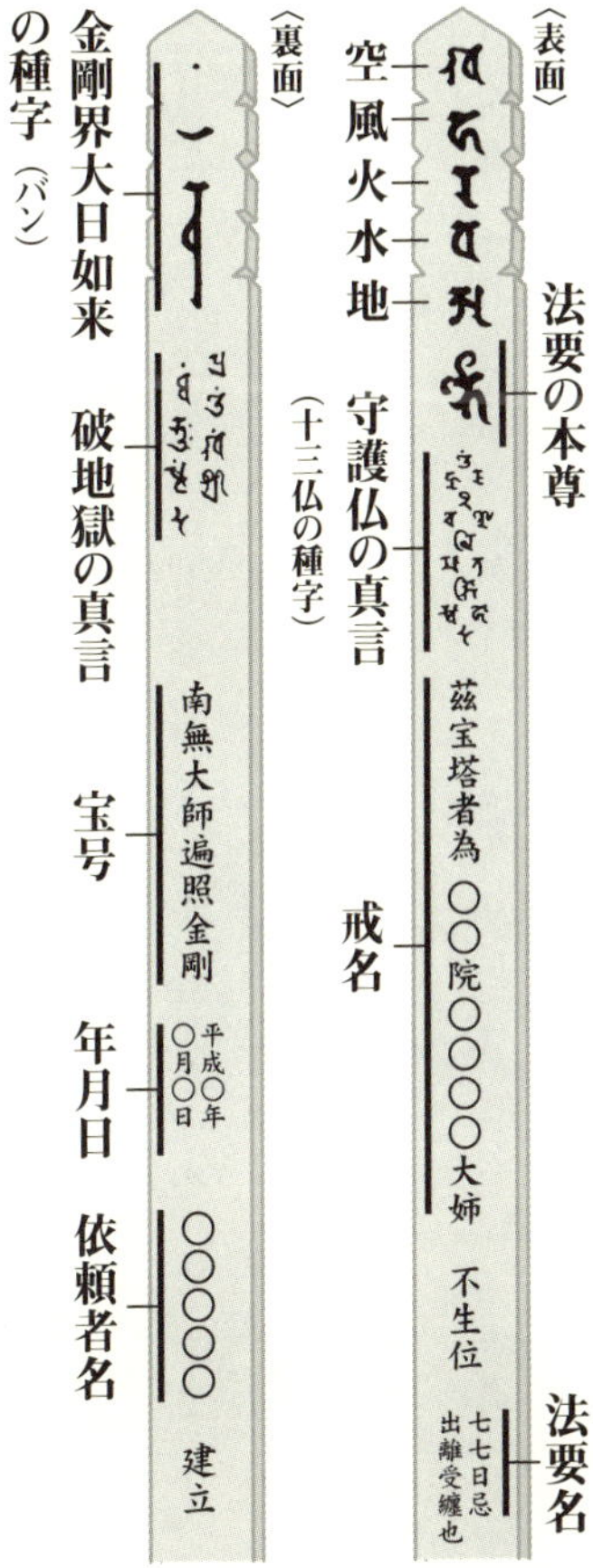

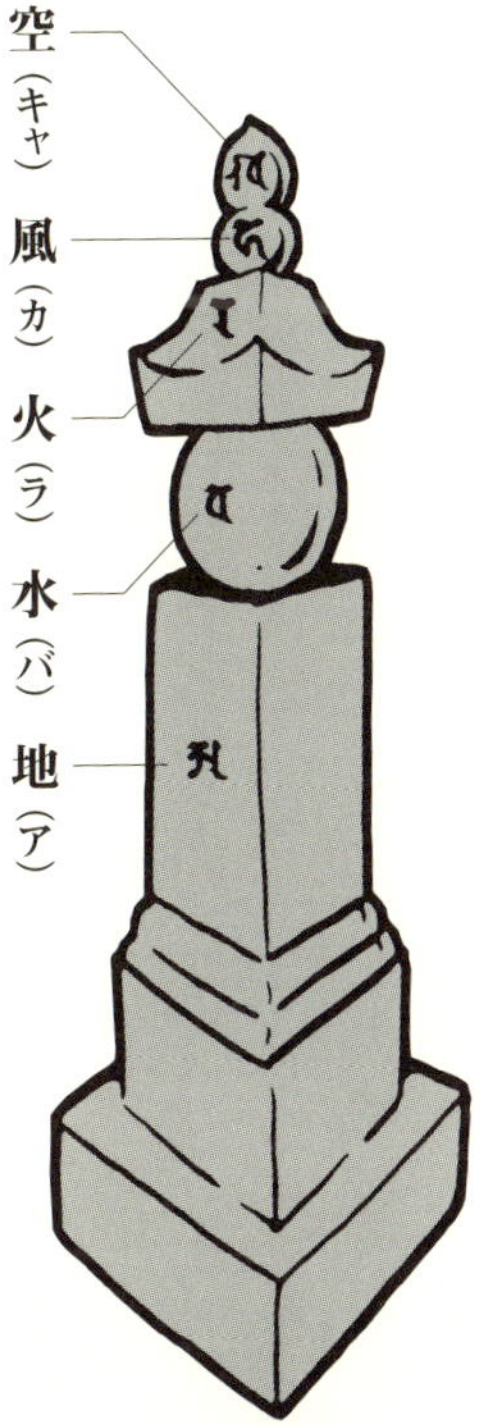

五輪塔

卒塔婆は五輪塔の形を模したもの

10

【施しの気持ち】

お布施の金額、「いくらが妥当」？

葬儀などの法要、あるいはお寺の行事に参加したときには、僧侶にお布施を渡します。私たちはお布施を、僧侶がお経を読んでくれたり法要を執り行なってくれたことへの報酬ととらえがちですが、そうではありません。

本来「布施」とは、自分ができる範囲で施しをする行為をいいます。

たとえば法要でいえば、僧侶は、参列者に対してお経をとなえ仏法を説きます。施主は、僧侶に対して感謝の気持ちとお寺の存続を願ってお布施を渡します。これらに共通していえるのは、施しに見返りを求めないこと、下心を持って行なわないことです。

また、お布施には、僧侶が教えを説く「法施《ほうせ》」、私たちが僧侶に対して金品を施す「財施《ざいせ》」のほかにも、畏怖《いふ》（恐れおののくこと）の気持ちを取り去る「無畏施《むいせ》」があります。具体的には、僧侶や参列者たちがお互いに笑顔で仏教の精神についてやさしく語り合うといったことです。仏教では、笑顔で接すること(和顔施《わげんせ》)、やさしく話しかけること(愛語施《あいごせ》)、やさしい眼差しで人に接すること(眼施《がんせ》)などをすすめています。

つまり、お布施は感謝の行ないですから、封筒の表書きは「御布施《おふせ》」とし、「御経料」「回向料《えこう》」などとは書きません。戒名をいただいたときも「戒名料」ではなく「御布施」と書きます。

ちなみに、葬儀法要を執り行なっていただいた僧侶へのお布施の金額については、誰もが頭を悩ませるものです。近年は金額を提示してくれる僧侶も増えてきたので率直に聞いてみるのがよいでしょう。

もし、「お気持ちで」としかいわれない場合は、お寺とのつきあいのある親戚や近所の方に聞いたり、お葬式を依頼する葬儀社に聞いてみる方法もあります。そのうえで、無理のない範囲で金額を決めてはいかがでしょうか。要は、お布施こそが仏の教えの道場であるお寺を支えていることをわきまえておきたいものです。

11 【お寺の行事】
護摩の秘法――不浄なものをすべて焼き払う

真言宗のお寺の行事は、祈願・報恩・回向《えこう》の三つに大別できます。

祈願の行事は、仏様の加護を祈ることが目的です。懸命に祈る心が仏様の「すべての者を救いたい」という慈悲心《じひしん》に通じて、それが祈願成就につながるというわけです。この祈願の行事こそが真言宗の最大の特徴です。修正会《しゅしょうえ》、後七日御修法《ごしちにちみしほ》、節分会《せつぶんえ》、星祭《ほしまつり》などです。

報恩の行事は、仏生会《ぶっしょうえ》、成道会《じょうどうえ》、常楽会《じょうらくえ》、青葉《あおば》まつり、正御影供《しょうみえく》、陀羅尼会《だらにえ》などです。これらは、仏教の開祖であるお釈迦様や宗祖・弘法大師などに対する報恩感謝の気持ちを表します。

回向の行事は、彼岸会《ひがんえ》、盂蘭盆会《うらぼんえ》、施餓鬼会《せがきえ》などです。回向とは、善い行ないを、してその功徳を精霊《しょうりょう》（故人の霊魂《れいこん》）に回し向けることです。善い行ないとは、僧侶が三密加持《さんみつかじ》（92ページ参照）をしたり、私たちが読経や仏様にお参りすることです。

祈願の目的に合わせて適宜行なわれる真言宗独特の法会を紹介しましょう。

「大曼荼羅供法会《だいまんだらくほうえ》」は、八〇六年に空海が唐から持ち帰った胎蔵《たいぞう》・金剛界の両界曼《りょうがいまん》荼羅《だら》の傷《いた》みが激しくなったことから、八二一年に修理して供養を行なったのが起源です。高野山の金堂前で毎年四月十日に行なわれる曼荼羅供法会《まんだらくほうえ》が最大といわれています。参詣者には、これまでの罪科《ざいか》が消え、長寿、福徳に恵まれるというご利益があります。

「護摩供法会《ごまくほうえ》」は、護摩を焚《た》いて祈願する法会です。空海の祈祷《きとう》の多くは護摩の秘法だったといわれています。火は仏の智恵の象徴であり、病気や迷いの心など不浄なものをすべて焼き払い、人々を幸せに導くとされています。年中行事や月例行事として行なうお寺、毎日護摩供養をしているお寺などさまざまです。

「大般若法会《だいはんにゃほうえ》」は『大般若波羅蜜多経《だいはんにゃはらみたきょう》』六〇〇巻を転読《てんどく》し、悪事災難を払い、社会の平安と人々の幸せを祈願します。転読とは経本をパラパラとめくることで、智恵の風を起こして煩悩のほこりを払うという意味があります。

真言宗のお寺のおもな行事

〔祈願の行事〕

修正会《しゅしょうえ》 1月 年のはじめに一年の幸せを祈願する	後七日御修法《ごしちにちみしほ》 1月8日～14日 真言宗各派の高僧が東寺に集い、国家の安泰と五穀豊穣を祈る	節分会《せつぶんえ》・星祭《ほしまつり》 立春の前日 豆をまいて諸悪を払い、福を招く

〔報恩の行事〕

常楽会《じょうらくえ》 2月15日 お釈迦様の入滅の日にその業績をたたえ感謝する	正御影供《しょうみえく》 3月21日 空海の入滅の日にその守護に感謝する	仏生会《ぶっしょうえ》 （灌仏会《かんぶつえ》） 4月8日 お釈迦様の誕生日を祝う
青葉まつり （大師降誕会《ごうたんえ》） 6月15日 空海の誕生日を祝う	成道会《じょうどうえ》 12月8日 お釈迦様がさとりを開いた日にそれをたたえる	陀羅尼会《だらにえ》 12月12日 覚鑁の入滅の日にその教えに感謝する

〔回向の行事〕

彼岸会《ひがんえ》（お彼岸） 3月、9月 大日如来の曼荼羅浄土に思いを馳せる	盂蘭盆会《うらぼんえ》（お盆） 7月または8月 先祖をしのびつつ仏法を聞く

7章

「空海ゆかりのお寺」をめぐってみよう

1 金剛峯寺【高野山真言宗総本山】――今なお、空海が生きつづける聖地

八一六年、空海が嵯峨《さが》天皇に高野山の下賜《かし》を願い出て開創された壇上伽藍《だんじょうがらん》が高野山金剛峯寺《こんごうぶじ》の始まりです。高野山は「一山境内地《けいだいち》」といって高野山全体を一つのお寺、金剛峯寺とみなします。ですから高野山全体の本堂は壇上伽藍にある金堂《こんどう》であり、高野山真言宗のおもな行事は金堂で行なわれます。

ちょっとわかりにくいのですが、高野山のなかに金剛峯寺というお寺もあります。もともとは豊臣秀吉が建立し「青巌寺《せいがんじ》」と呼ばれていましたが、明治時代初期に金剛峯寺と改称されました。現在、宗教法人「高野山真言宗」の総本山として登録されている金剛峯寺といえば、旧青巌寺を指します。

大師信仰の源である空海の御廟・奥之院《おくのいん》への参道は、樹齢数百年の杉木立が続き、神聖な雰囲気を感じることができます。また、霊宝館には空海の真筆《しんぴつ》をはじめ、国宝・重要文化財が多数展示されています。

壇上伽藍。
中央が根本大塔

奥之院の参道

金剛峯寺
和歌山県高野町高野山

2 教王護国寺（東寺）【東寺真言宗総本山】――「五重塔」「弘法さん」でおなじみ

東寺《とうじ》は、平安京遷都《せんと》にともなって都の鎮護《ちんご》のために建てられた官寺（国立の寺院）が始まりです。都の正門である羅城門《らじょうもん》の東に東寺、西に西寺《さいじ》が建てられましたが、西寺は廃寺となって今はありません。

八二三年、嵯峨《さが》天皇が空海に東寺を下賜《かし》して真言密教の根本道場《こんぽんどうじょう》「教王護国寺《きょうおうごこくじ》」と改称され、発展しました。しかし、落雷や兵火によって創建当時の建物の多くは焼失、現在の境内は江戸時代に豊臣秀頼や徳川家光らによって再建されたものです。それでも、京都のシンボルである五重塔、金堂《こんどう》、御影堂《みえいどう》（大師堂）は国宝に、南大門や講堂などは重要文化財に指定されています。立体で曼荼羅《まんだら》の世界を表現した講堂の仏像群の二十一体のうち十五体が空海創建当時のものといわれ、国宝です。

空海が入定《にゅうじょう》した月忌《がっき》（月命日《つきめいにち》）である毎月二十一日には、御影堂の前で「弘法市《こうぼういち》」という朝市が開かれ、市民からは「弘法さん」と呼ばれてにぎわいます。

瓢箪池《ひょうたんいけ》越しに
のぞむ五重塔

金堂

教王護国寺（東寺）
京都市南区九条町

3 善通寺【真言宗善通寺派総本山】——生誕地に空海が自ら建てた古刹

香川県善通寺市善通寺町

八〇七年に真言宗布教の勅許《ちょっきょ》を得た空海が、父の佐伯直田公《さえきあたいのたきみ》から土地の寄進を受けて六年かけて建てたのが善通寺《ぜんつうじ》です。寺名は父の諱《いみな》（実名）の「善通《よしみち》」からつけられました。伽藍《がらん》は、空海の師である恵果《けいか》が住職を務めた長安の青龍寺《しょうりゅうじ》を模して造営されたといわれます。

鎌倉時代に佐伯家の邸宅跡に誕生院というお寺が建てられ、善通寺と誕生院は別のお寺でしたが、明治時代に一つのお寺となり、正式名称は「屏風浦五岳山《びょうぶがうらごがくさん》誕生院善通寺」です。山号の五岳山はお寺の西にある五つの山々に由来し、それらが屏風のように連なっていることから屏風浦と呼ばれていました。

御影堂《みえどう》の地下には「南無大師遍照金剛《なむだいしへんじょうこんごう》」と宝号《ほうごう》をとなえながら大師と結縁《けちえん》する道場「戒壇めぐり」があります。約百メートルの暗闇《くらやみ》の通路を手探りで歩く体験は、身に悪行《あくぎょう》があると出られないという言い伝えがあり、参詣者に人気です。

4 神護寺【高野山真言宗別格本山】――真言密教の最初の拠点

京都市右京区梅ヶ畑高雄

平安京遷都の立役者として知られる和気清麻呂《わけのきよまろ》が、七八一年に私寺として建立した高雄山寺《たかおさんじ》が始まりです。その後、和気氏は高雄山寺に最澄《さいちょう》を招いて新仏教の確立に尽力しました。八〇九年には最澄の招きを受けて空海が入寺し、鎮護《ちんご》国家のための修法《しゅほう》を行ない、最澄をはじめとする多くの人たちに灌頂《かんじょう》を授けたことから、真言密教の初めての道場として発展しました。

高雄山寺と同じく清麻呂が国家安泰を祈願し河内国《かわちのくに》（大阪府南東部）に建立した神願寺《じんがんじ》と合併し、八二四年に神護国祚真言寺《じんごこくそしんごんじ》（略して神護寺《じんごじ》）と改称されました。

金堂に安置される本尊の薬師如来立像《やくしにょらいりゅうぞう》、多宝塔に安置されている五大虚空蔵菩薩像《ごだいこくうぞうぼさつぞう》、現存する日本最古の両界曼荼羅《りょうがいまんだら》といわれる高雄《たかお》曼荼羅など国宝も多数残されています。大師堂には板彫《いたぼり》大師像（重文）が安置されています。また、八七五年につくられた鐘楼《しょうろう》の鐘《かね》（国宝）は、日本三名鐘のひとつに数えられています。

5 根来寺【新義真言宗総本山】——国宝の多宝塔、庭園が見どころ

和歌山県岩出市根来

真言宗中興の祖である覚鑁《かくばん》が真言教学研鑽《けんさん》のため高野山に建てた大伝法院《だいでんぽういん》に由来し、頼瑜《らいゆ》によって新義真言宗の学山となりました（144ページ参照）。

一五八五年の秀吉による焼き討ちによって大塔と大師堂を残して焼失、伽藍《がらん》が再建されたのは、江戸時代に紀州徳川家の外護《げご》を受けてからです。

兵火を逃れた大塔は、一四九六年に心柱《しんばしら》を立てる立柱式が行なわれ、それから五十年後の一五四七年に完成した総高三十六メートルの大規模な多宝塔です。きわめて貴重な建物で国宝に指定されています。大塔の廊下の一部には、秀吉の焼き討ちの際の火縄銃の弾痕が残っています。大師堂は、室町時代中期の建築様式を伝える建物で重要文化財に指定されています。

また、根来寺《ねごろじ》は庭園も見どころです。本坊の庭園は自然の滝と池を取り入れた池《ち》泉式蓬莱庭園《せんしきほうらいていえん》、他二カ所の庭園とともに国の名勝に指定されています。

6 智積院 【真言宗智山派総本山】――多くの名僧を生んだ新義真言宗の専門学寮

京都市東山区東瓦町

智積院《ちしゃくいん》は、根来寺《ねごろじ》の学頭寺院（僧侶に学問を教える最高指導機関）でしたが、秀吉に焼き討ちされたのち、学頭職の玄宥《げんゆう》が徳川家康に願い出て京都東山《ひがしやま》に智積院を再興しました。その地は秀吉が建立した祥雲禅寺《しょううんぜんじ》でした。江戸時代、智積院には多くの学僧が集まり、最盛期には七十を超える寮舎があったといわれます。そのなかから傑出した学僧が多く出ました。

明治時代になり廃仏毀釈《はいぶつきしゃく》の影響で金堂《こんどう》が焼失するなど苦難がありましたが、智積院を中心に活動していた全国の約三千の寺院が集結して、智積院は一九〇〇（明治三十三）年に真言宗智山派《ちさんは》の総本山となりました。

東山随一といわれる庭園は、祥雲禅寺が建立された頃からのもので「利休《りきゅう》好みの庭」と伝えられます。安土桃山《あづちももやま》時代を代表する書院庭園で、国の名勝に指定されています。

7 長谷寺【真言宗豊山派総本山】——牡丹の名所として知られる「花の御寺」

奈良県桜井市初瀬

長谷寺《はせでら》は、奈良時代に道明《どうみょう》という僧が天武《てんむ》天皇の病気平癒《へいゆ》を祈願して初瀬山《はつせやま》の西の岡に一寺（本長谷寺《もとはせでら》）を建てたことに始まります。その後、平安時代に聖武《しょうむ》天皇の勅命を受けて徳道《とくどう》が十一面観音菩薩《じゅういちめんかんのんぼさつ》像《ぞう》をつくり、東の岡に諸堂を建てて本尊としたのが現在の長谷寺です。徳道は西国《さいごく》三十三観音霊場の創始者と伝わり、長谷寺は八番札所になっています。当初は東大寺（華厳宗《けごんしゅう》）の末寺でしたが、その後、興福寺（法相宗《ほっそうしゅう》）に属しました。

一五八八年、根来寺《ねごろじ》で学頭職を務めていた専誉《せんよ》が、焼き討ちによって根来寺を追われ、長谷寺に入寺。専誉は豊臣秀長《ひでなが》の帰依《きえ》を受けて長谷寺を再興し、智積院と同様に多数の学僧が集まりました。のちに真言宗豊山派《ぶざんは》の総本山となりました。

「花の御寺《みてら》」と呼ばれるように、桜、牡丹《ぼたん》、紫陽花《あじさい》、紅葉《もみじ》など四季折々に楽しめます。また、本堂（国宝）をはじめ、多くの国宝や重要文化財が保存されています。

8 新勝寺【真言宗智山派大本山】――本尊は空海手彫りの不動明王

千葉県成田市成田

関東の不動信仰の拠点となっているのが成田山新勝寺《しんしょうじ》です。

平安時代中期に関東で起きた平将門《たいらのまさかど》の乱を収めるために、朱雀《すざく》天皇の勅命《ちょくめい》を受けた寛朝《かんちょう》が、京の神護寺《じんごじ》の不動明王像《ふどうみょうおうぞう》を成田の地に奉安し、護摩供法会《ごまくほうえ》を行ないました。それは八一〇年に嵯峨《さが》天皇の勅命により空海が自ら彫って護摩加持《かじ》したものでした。すると、祈願最後の日に将門が敗れて関東に平和が戻り、東国鎮護《ちんご》の道場として創建されたのが新勝寺です。本尊の不動明王はそのときの木像で、重要文化財に指定されています。

江戸時代に歌舞伎役者の市川團十郎《だんじゅうろう》が信仰し「成田屋」の屋号を名乗ったように、「お不動様」として庶民に親しまれています。また、周囲に十六羅漢《じゅうろくらかん》の彫刻がめぐらされた三重塔、江戸時代に奉納された貴重な絵馬などがかかる額堂《がくどう》、文政《ぶんせい》年間（一八一八～三一年）建立の仁王門《におうもん》など重要文化財の伽藍《がらん》も見ものです。

参考文献（順不同）

『うちのお寺は真言宗』藤井正雄総監修　双葉社
『空海』頼富本宏監修　ナツメ社
『空海と真言密教』読売新聞社
『空海・高野山の教科書』総本山金剛峯寺・高野山大学監修　枻出版社
『真言宗のお経』山田一眞・大塚秀見監修　双葉社
『知識ゼロからの空海入門』福田亮成監修　幻冬舎
『日本密教』立川武蔵・頼富本宏編　春秋社
『別冊太陽 空海』平凡社
『密教の本』学習研究社

＊本書は、本文庫のために書き下ろされたものです。

小峰　彌彦（こみね・みちひこ）
一九四五年、東京都生まれ。大正大学仏教学部仏教学科卒。同大学大学院博士課程修了。大正大学教授。東京都練馬区・観蔵院住職。専門は初期大乗仏教（般若経）および真言教学（曼荼羅）。博士（仏教学）。観蔵院に併設の曼荼羅美術館には「観蔵院両部曼荼羅」をはじめ数百点の仏画を展示。また、「仏画教室」「写経・写仏の会」などを開き、地域に根づいた活動を展開している。著書に、『図解・曼荼羅の見方』『曼荼羅図典』（以上、大法輪閣）、『般若心経に見る仏教の世界』（大正大学出版会）など多数がある。

知的生きかた文庫

図解《ずかい》　早《はや》わかり！　空海《くうかい》と真言宗《しんごんしゅう》

監修者　小《こ》峰《みね》彌《みち》彦《ひこ》
発行者　押鐘太陽
発行所　株式会社三笠書房
〒一〇二-〇〇七二　東京都千代田区飯田橋三-三-一
電話〇三-五二二六-五七三四〈営業部〉
〇三-五二二六-五七三一〈編集部〉
http://www.mikasashobo.co.jp
印刷　誠宏印刷
製本　若林製本工場

ISBN978-4-8379-8218-0 C0114

知的生きかた文庫

図解 早わかり！親鸞と浄土真宗

早島大英［監修］

親鸞は、なぜ仏教界の革命児なのか？浄土真宗とは、他宗とどう違うのか？悪人正機から他力本願、浄土往生まで、知りたいことが図解ですぐわかる！

禅、シンプル生活のすすめ

枡野俊明

求めない、こだわらない、とらわれない――「世界が尊敬する日本人100人」に選出された著者が説く、ラク～に生きる人生のコツ。開いたページに「答え」があります。

道元「禅」の言葉

境野勝悟

見返りを求めない、こだわりを捨てる、流れに身を任せてみる……「禅の教え」が手にとるようにわかる本。あなたの迷いを解決するヒントが詰まっています！

空海「折れない心」をつくる言葉

池口恵観

空海の言葉に触れれば、生き方に「力強さ」が身につく！ 現代人の心に響く「知恵」が満載！ 「悩む前に、まずは行動してみる」ことの大切さを教えてくれる一冊。

般若心経、心の「大そうじ」

名取芳彦

般若心経の教えを日本一わかりやすく解説した本です。誰もが背負っている人生の荷物の正体を明かし、ラクに生きられるヒントがいっぱい！

C50206